Balduin von Möllhausen

Das Mormonenmädchen

Eine Erzählung aus der Zeit des Kriegszuges der Vereinigten Staaten gegen die Heiligen der letzten Tage im Jahre 1857 1858.

Balduin von Möllhausen
Das Mormonenmädchen
Eine Erzählung aus der Zeit des Kriegszuges der Vereinigten Staaten gegen die Heiligen der letzten Tage im Jahre 1857 1858.

ISBN/EAN: 9783743636729

Hergestellt in Europa, USA, Kanada, Australien, Japan

Cover: Foto ©ninafisch / pixelio.de

Weitere Bücher finden Sie auf **www.hansebooks.com**

Das Mormonenmädchen.

Erster Band.

Das Mormonenmädchen.

Eine Erzählung

aus der Zeit des Kriegszuges der Vereinigten Staaten gegen die „Heiligen der letzten Tage" im Jahre 1857—1858.

Von

Balduin Möllhausen,

Verfasser des „Halbindianer," „Flüchtling," „Mayordomo" ꝛc.

Die Uebersetzung dieses Werkes in fremde Sprachen wird vorbehalten.

Erster Band.

Jena und Leipzig,
Hermann Costenoble.
1864.

Inhalts-Verzeichniss.

                                                          Seite

Einleitung 7

Erstes Kapitel.
Der Sandsturm 18

Zweites Kapitel.
Die Matrosenschänke 35

Drittes Kapitel.
Im Concertsaal 68

Viertes Kapitel.
Die drei Mormonen 86

Fünftes Kapitel.
An Bord des Leoparden 107

Einleitung.

Zum bessern Verständniß nachfolgender Blätter, namentlich aber, um nicht gezwungen zu sein, den Faden der Erzählung durch Erläuterungen zu unterbrechen, und zwar Erläuterungen, die an manchen Stellen ungeeignet erscheinen dürften und sich daher nur auf bloße Andeutungen beschränken müßten, ist es vielleicht angemessen, einige Worte über das Mormonenthum und dessen Geschichte vorauszuschicken. —

Die Mormonen*), die in neuerer Zeit die Aufmerksamkeit der ganzen civilisirten Welt in so hohem Grade auf sich gezogen haben, bilden eine Religionssecte, deren eigenthümliche Einrichtungen gewiß einer besondern Erwähnung und Beschreibung verdienen.

---

*) Ich gebe eine kurze Beschreibung des Mormonenthums, zusammengestellt aus Notizen, welche ich dem officiellen „Report" des Vereinigte Staaten-Capitäns Howard Stansbury, vom Jahre 1852, und der Abhandlung über das Mormonenthum des von den Utahindianern später erschlagenen Capitäns Gunnison, ebenfalls vom Jahre 1852, entnommen und mit meinen eigenen, im persönlichen Verkehr mit den Mormonen gewonnenen und gesammelten Erfahrungen in Verbindung gebracht habe.

Ihre Hauptstadt und Hauptansiedelungen befinden sich im Thale des großen Salzsees. Dieser liegt in der Mitte zwischen den Ländern des Mississippi und Kalifornien, also westlich von den Staaten, wo die Menschen durch Geschäftssinn und Betriebsamkeit das erreichen, was westlich auf gierige Weise dem goldhaltigen Boden entnommen wird.

Die Thäler an und um den großen Salzsee sind ganz abgesondert von bewohnbaren Landstrichen. Gegen Norden und Süden erstrecken sich unabsehbare wüste Regionen; gegen Osten dehnt sich, wie eine lange Scheidewand, die Kette der Felsengebirge aus, während im Westen Sandsteppen mit starren Gebirgszügen abwechseln und einen schwer zugänglichen Damm bilden.

Das Land der Mormonen wird auch das große Becken (great basin) genannt, weil aus dieser Region das Wasser nicht abfließt. Dieses Becken ist das Hochland (4000 Fuß über dem Meeresspiegel) zwischen der Sierra Nevada westlich, und dem Wahsatch-Gebirge östlich. Es besteht eigentlich aus einer Wüste mit einigen fruchtbaren Streifen unter den Abhängen der Höhen und an den Flüssen. Größtentheils ist das Gebiet gebirgig, indem Bergketten von 2—3000 Fuß Höhe, meist den Rocky Mountains parallel laufend, dasselbe durchschneiden; in dem östlichen Theile des nach jeder Richtung etwa 500 englische Meilen breiten Landes haben sich die Mormonen angesiedelt.

Man kann nicht behaupten, daß die Mormonen in ihren jetzigen Territorien sehr von der Natur begünstigt wären, indem verhältnißmäßig nur spärlich gutes Wasser dort vorhanden ist, das Holz, wenigstens in der nächsten Nachbarschaft, fast ganz mangelt, und gute Weiden nur an den Gebirgsabhängen und in den Niederungen zu finden sind. Dagegen erweisen sich die culturfähigen Thäler an den Flüssen sehr fruchtbar, und es ist kaum anzunehmen, daß für's Erste das Land mit so vielen Bewohnern bevölkert werden wird, wie es zu ernähren vermag.

Der Glaube dieser Secte nun, die mit so ungeheuern Anstrengungen und Opfern darauf hinarbeitet, ihre Religion über den ganzen Erdball zu verbreiten, ist begründet auf der unerschütterlichen Ueberzeugung, daß alle christlichen Secten oder Gentiles *), wie sie dieselben nennen, auf Wegen wandeln, die nicht zum Himmelreich führen, und daß die ewige Seligkeit nur den Anhängern der „Melchisedek-Priesterschaft" zu Theil werden könne.

Diese wurde, gemäß der Versicherung der Mormonen, vor achtzehnhundert Jahren von der Erde entfernt, seit welcher Zeit keine wirklich wahre Religion existirt hat, bis im Jahre 1826 Joseph Smith, dem Gründer des Mormonenthums, ein Engel erschien, und ihn in der Wahrheit unterrichtete. Derselbe führte ihn an eine Stelle, wo eine steinerne Kiste vergraben lag. In dieser befanden sich goldene Tafeln, auf welchen, in der von ihm so benannten reformirten ägyptischen Sprache, Gesetze geschrieben standen. Der Engel nahm eine Anzahl der religiösen Anweisungen aus der Kiste und übergab sie Joseph Smith, ertheilte ihm aber auch zugleich die Kraft, das, was auf den Tafeln eingegraben war, zu lesen und zu verstehen. Joseph Smith übersetzte nun die wunderbare Schrift und veröffentlichte sie unter dem Namen: „Das Buch Mormon." Er wurde dann auf göttlichem Wege der Melchisedek-Priesterschaft einverleibt, und erhielt die Fähigkeit, alle Sprachen zu verstehen. Er und seine Gefährten wurden eben so als Apostel eingesetzt, um das Evangelium zu predigen und die „Kirche Jesu Christi der Heiligen der letzten Tage" (the latter-day saints) unter den Völkern zu gründen. Im Jahre 1830 wurde diese Kirche

---

*) Gentiles, der englischen Bibel entnommen, zu übersetzen mit: „Heiden."

zuerst organisirt, indem sechs Mitglieder zusammentraten, deren Schüler und Nachfolger in kurzer Zeit zu einer Gesellschaft von vielen Tausenden anwuchsen.

Die Mormonen erklären, daß die Bibel der Protestanten göttlichen Ursprungs sei, doch versichern sie zugleich, es sei so viel in derselben verändert und verdorben worden, daß eine neue Uebersetzung nöthig gewesen, welche ihr Prophet ausführte. Von dem Buch Mormon glauben sie ebenfalls, es komme von Gott und sei ebenso, wie die heilige Schrift, maßgebend für das Bekenntniß. Sie glauben streng an Wunder, und daß die Aeltesten der Kirche Kranke durch Auflegen der Hände zu heilen im Stande seien. Die Art ihres Gottesdienstes ist ähnlich dem der Protestanten, indem gepredigt und gesungen wird. Musik begleitet die Lieder der Sänger und spielt zu Anfang und zum Schluß des Gottesdienstes.

Die häuslichen Einrichtungen der Mormonen sind unendlich weit verschieden von denen jeder andern christlichen Secte, was vorzugsweise in dem System der „geistigen Ehe" (spiritual wife system) seine Erklärung findet.

Als man die Mormonen aus Illinois vertrieb, wurde Vielweiberei als eine der Hauptklagen gegen sie aufgeführt, damals indessen streng von ihnen abgeläugnet. Doch ist dies längst erwiesen und seit Jahren wird kein Geheimniß mehr daraus gemacht, daß Vielweiberei bei ihnen gebräuchlich.*) Selbst die Prediger erklären öffentlich von der Kanzel, daß es ihnen frei stehe, tausend Weiber zu nehmen, wenn es ihnen beliebe,

---

*) Am oberen Missouri erlebte ich es noch vor wenig Jahren, daß unter den dort versammelten Mormonen nicht nur die Frauen, sondern auch die Männer die Vielweiberei abläugneten. Offenbar geschah dieses, um die verheiratheten Frauen zu täuschen, von denen manche vielleicht Anstand genommen hätten, ihren Gatten nach dem Salzsee, von wo ihnen die Rückkehr abgeschnitten, zu folgen, um sich dort noch anderen Lebensgefährtinnen zur Seite stellen zu lassen.

und sie fordern Jeden auf, aus der Bibel das Gegentheil zu beweisen.

Joseph Smith's Ansichten über die Vielweiberei sind wahrscheinlich nie veröffentlicht worden, doch machte er seinen Anhängern bekannt, er habe, so wie Diejenigen, die er für würdig halte, ähnlich den alten Heiligen, Jacob, David und Salomon, den Vorzug, so viele Weiber zu nehmen, wie er zu ernähren im Stande sei, um ein heiliges Haus für den Dienst des Herrn zu gründen. Sie geben zu, daß in dem Buche Mormon vorgeschrieben sei: jeder Mann solle ein Weib, und jede Frau nur einen Mann haben; da nun das Wort „nur" bei den Frauen allein angewendet ist, so bleibt dem Manne natürlich die Vielweiberei gestattet, und sie erklären, daß die Principien dieser Einrichtung durchaus sittlich und heilig seien. Sie behaupten sogar, daß Christus drei Frauen gehabt habe, nämlich Maria, Martha und die andere Maria, die er liebte, und daß er alle auf der Hochzeit zu Kana geheirathet habe.*)

Wenn ein verheiratheter Mann sich eine zweite Gehülfin zu nehmen wünscht, so muß er, nachdem er mit dem Mädchen und dessen Eltern einig geworden, auch noch die Erlaubniß des Oberherrn oder Präsidenten einholen. Die neue Frau wird ihm alsdann feierlich „angesiegelt (sealed)" und steht fortan in jeder Beziehung in gleichem Range mit der ersten Frau. Solche Ehen halten die Mormonen für durchaus tugendhafte und ehrenvolle, und alle nachfolgenden Gattinnen behaupten in der Gesellschaft dieselbe Stellung, als wenn sie die einzigen und zuerst erwählten wären. Ueberhaupt erklären die Mormonen derartige Ehebündnisse für fester und bindender, als die aller anderen Religionen und Secten, um so mehr, als nach ihrem Dafürhal-

---

*) The Mormons or the latter day saints in the walley of the great Salt Lake, by J. W. Gunnison, pag. 68.

ten das künftige Leben, sowohl bei dem Manne, wie bei der Frau, in unmittelbarer Beziehung zu den ehelichen Verhältnissen in dieser Welt steht. Die Kirche lehrt, daß ein Weib ohne einen Gatten eben so wenig zu den himmlischen Freuden gelangen kann, als ein Mann, der nicht im Besitz von wenigstens einer Gattin ist, und der Grad der Seligkeit der Letzteren hängt mit von der Zahl der Frauen ab, die ihm auf Erden angehört haben.

Jeder Gedanke an Sinnlichkeit, als Grund zu falschen Bündnissen, wird streng verworfen, indem das Hauptaugenmerk Aller ist, so schnell wie möglich eine heilige Generation zu gründen, welche das Königreich des Herrn auf Erden bauen soll.

Da das Oberhaupt oder der Präsident der Kirche allein die Macht besitzt, solche Ehen zu gestatten oder auch wieder aufzulösen, so läßt es sich erklären, welchen großen Einfluß diese Macht Dem geben muß, der sie in Händen hält, und welche Umsicht und Weisheit von Demjenigen erwartet wird, der als vertrauter Rathgeber der Familien, als kirchliches und politisches Oberhaupt der Gemeinde gegenübersteht.

Jede unverheirathete Frau hat ferner ein Recht, im Falle sie vernachlässigt oder vergessen wird, zu ihrem Seelenheil einen Gatten zu fordern. Der Präsident muß dann auf die eine oder die andere Art für sie sorgen, und besitzt sogar die Macht, jeden beliebigen Mann, den er für passend erachtet, zu der Heirath zu zwingen, so wie jeder Mann verpflichtet ist, die Seele eines Mädchens, welches ihm angeboten wird, durch Heirath zu retten.

Mancherlei sind noch die Eigenthümlichkeiten des Mormonenthums, doch versuche ich hier nur solche Punkte besonders hervorzuheben, welche in nachfolgender Erzählung berührt worden sind, ohne daß ihnen zugleich eine Erklärung beigefügt worden wäre.

Was die weltliche Stellung der Mormonen betrifft, so ließe

sich erwarten, daß in einem Hausstande, in welchem sich bis zu dreißig Frauen befinden, fortwährend Haber und Zank herrschen müßte; doch, ganz im Gegentheil, waltet in den meisten Häusern Friede, Eintracht und schwesterliche Zuneigung unter den Gefährtinnen. Manchem jungen Mädchen mag es indessen einige Ueberwindung kosten, vielleicht die zweiunddreißigste Frau eines Mannes zu werden, so wie es in mancher jungen Frau, welche so lange die einzige Lebensgefährtin ihres Gatten war, traurige Gefühle erwecken muß, wenn sie von Zeit zu Zeit von einer neuen Verlobung und Hochzeit ihres Gemahls in Kenntniß gesetzt wird. —

Die Geschichte des Mormonenthums seit seinem Entstehen bis zur jetzigen Zeit ist mit wenigen Worten erzählt.

In dem Jahre 1831 bis 1832 wurde im Staate Missouri, nicht weit von der Stadt Independence, von den Mormonen unter der Leitung des Joseph Smith die Stelle zum neuen Jerusalem ausgewählt und die Stadt Zion gegründet. Hier nun, an den äußersten Gränzen der Civilisation, glaubten sie ungestört wohnen und die in ihrer Nachbarschaft lebenden, damals noch sehr dünn gesäeten Ansiedler leicht zu ihrem Glauben bekehren zu können.

Zwei Jahre verbrachten sie dort in Frieden, als die Bevölkerung der Provinz Jacson sich zusammenrottete und sie vertrieb. Sie suchten darauf ihre Zuflucht in der Provinz Clay, doch nur, um abermals von bort nach Caldwell, im Staate Missouri, verdrängt zu werden.

Ihre Zahl nahm indessen mit jedem Tage zu, so daß sie sich bald stark genug glaubten, ferneren Unterdrückungen Widerstand entgegensetzen zu dürfen. Als sie abermals verjagt wurden, wobei es schon zu ernstlichen Kämpfen kam, zogen sie nach dem Staate Illinois, wo sie auf dem Ufer des Mississippi vorläufig Ruhe fanden. Sie gründeten daselbst die Stadt Nauvoo und erbauten einen prachtvollen Tempel. Bei der Eigenthümlichkeit ihrer Religion war es indessen vorherzusehen, daß sie nicht lange mit ihren Nachbarn in Frieden leben würden, und im Jahre 1841 bis 1842 gab die Vielweiberei, über welche damals die ersten Gerüchte in Umlauf gekommen waren, Grund zu Anfeindungen.

Immer neue Verbrechen, vom Diebstahl bis zum Mord, (ob mit Recht oder Unrecht, ist nicht festgestellt) wurden den Mormonen zur Last gelegt, bis endlich die Feindseligkeiten wieder ausbrachen und damit endigten, daß der Prophet Joseph Smith und sein Bruder Hyrum erschossen und Nauvoo niedergebrannt wurde.

Brigham Young wurde darauf zum Präsidenten gewählt, und unter seiner Führung zogen die Mormonen an den oberen Missouri, zwanzig Meilen oberhalb der Mündung des Platte, wo sie sich dann abermals ansiedelten, zugleich aber ihre besten Jäger ausschickten, um das Land nach allen Richtungen hin durchforschen zu lassen.

Im Jahre 1847 begaben sich hundertundbreiundvierzig ihrer Männer vom Missouri aus auf den Weg nach dem Westen. Ihnen folgte die ganze Gemeinde in kleinen Abtheilungen nach, und so erreichten sie denn endlich nach einer langen und mühevollen Wanderung den großen Salzsee, wo sie ihr Reich zu gründen beschlossen.

Das Land wurde eingesegnet, der Plan zu einer Stadt entworfen, und bald entstanden unter ihren Händen, obgleich sie durch Hungersnoth und Krankheit vielfach zu leiden hatten, blühende Ansiedelungen. Dieselben hoben sich um so schneller, als Tausende und aber Tausende von Bekehrten den ersten Ansiedlern nachfolgten und bald ein Reich bilden halfen, über welches Brigham Young unter dem Namen eines Gouverneurs des Utah-Territoriums noch heute herrscht. —

Es ist bekannt, daß die Mormonen darnach trachten, durch die Gründung von Schulen, Universitäten, durch Fabriken jeder Art und durch fortwährende Hebung und Ausdehnung des Aderbaues und der Viehzucht sich baldmöglichst unabhängig von dem Verkehr mit anderen Völkern zu machen, obgleich sie sich Bürger der Vereinigten Staaten nennen und die Regierung in Washington anerkennen. In wie weit ihnen dieses gelingen wird, muß die Zukunft lehren; denn wie ihre Regierungsform und ihr Widerwille, sich in die von Washington ausgehenden Anordnungen zu fügen, schon einmal zu dem in nachfolgenden Blättern erwähnten Bruch mit den Vereinigten Staaten Veranlassung gab, so dürfte die Frage der Vielweiberei über kurz oder lang, nachdem der jetzt wüthende Bürgerkrieg in Nordamerika sein Ende gefunden, noch einmal, dann aber auch schärfer in den Vordergrund treten.

Was an der Religion der Mormonen zu billigen oder zu tadeln ist, werden die Theologen aller Secten, Jeder auf seine Art, gewiß schon längst entschieden haben; der Laie aber, der ein andächtiger Verehrer der Natur und ihrer weisen Gesetze, mißbilligt Alles, was gegen diese verstößt, und es bilden sich bei ihm allmälig ganz besondere Ansichten über jede Religion, die neben ihrem eigenen Glauben keinen andern als selig machend anerkennt. —

So viel zur Einleitung. Was nun nachfolgendes Werk selbst betrifft, so kann ich nur wiederholen, daß ich bei dessen Ausführung ganz dieselben Zwecke im Auge behielt, wie bei ähnlichen, früher von mir veröffentlichen Erzählungen.

Die möglichen Falls an mich herantretenden Fragen, ob „das Mormonenmädchen" ein Roman, eine Reisebeschreibung oder aus Naturschilderungen zusammengesetzt sei, beantworte ich dahin, daß ich versuchte, das Eine mit dem Andern zu einem abgerundeten Ganzen zu verbinden. Eine durch solche Zwecke bedingte Arbeit ist eine oft schwer zu lösende Aufgabe, darf deshalb aber wohl um so mehr freundliche Nachsicht beanspruchen. Wie der historische Roman das unterhaltende Element gleichzeitig mit dem belehrenden umfaßt, so leitet mich in meinen Erzählungen der Wunsch, in ähnlicher Weise das Nützliche mit dem Unterhaltenden zu vereinigen. Wenn Charaktere, in welchen sich alle uneblen Leidenschaften vertreten finden, als Hauptfiguren in Romanen erscheinen dürfen, sollte da die Natur, mit Allem, was sie belebt, nicht dasselbe Recht besitzen, mit Vorliebe behandelt zu werden? Das Ehrfurcht Gebietende und Grausige der Natur aber empfinden wir mit andächtigerer Verehrung und tieferem Schrecken, weil wir das menschliche Geschick wie ein schwaches Rohr davon erdrückt zu sehen fürchten; das Lächeln der Natur dagegen bringt inniger zum Herzen, weil es einen erhabenen Gegensatz bildet zu den empörten Leidenschaften der Menschen. —

Wenn es auch nicht Schuld der Mormonen ist, die nach dem Ausbruch der Feindseligkeiten die Expedition, zu welcher ich zählte, im Thale des Colorado zu vernichten gedachten,*) daß ich noch unter den Lebenden weile, so bin ich bei nachfolgenden Schilderungen doch keineswegs von Haß gegen sie beseelt gewesen. Frei von Vorurtheilen gegen Secten und Stände, habe ich meine Personen fast durchgehends der Wirklichkeit entnommen, was mir um so leichter wurde, weil ich die meisten derselben, wenn auch nicht immer auf vertrautem Fuße mit ihnen stehend, persönlich oder auch nur von Ansehen kannte, und in letzterem Falle, oft ohne mein Dazuthun, mit den nö-

---

*) Möllhausen, Reisen in die Felsengebirge Nordamerikas bis zum Hochplateau von Neu-Mexico, I. pag. 409.

thigen! Aufschlüssen über sie versehen wurde. Vergebliche Mühe aber würde es sein, nach Diesem oder Jenem forschen zu wollen, indem außer den, mir durch ihre treu geleisteten Dienste unvergeßlichen Eingeborenen, kein Einziger unter seinem wirklichen Namen eingeführt ist.

Und so übergebe ich diese Arbeit vertrauensvoll der Oeffentlichkeit.

Wer kein warmes Herz hat für die Natur, wer das Fremdartige, ja, das Unbekannte störrisch nach den heimathlichen Verhältnissen abgemessen haben will, und die der Wirklichkeit entnommenen Bilder nicht zu scheiden vermag von solchen, welche die Phantasie gezwungen war, zu ergänzen, der lege diese Bücher ungelesen, unbeachtet zur Seite; deren Inhalt wird ihn nicht befriedigen. Doch wer es liebt, die Blicke über die nächsten Gränzen hinaus zu werfen, an sicherer Hand die endlosen Urwildnisse des „fernen Westens" im Geiste zu durchwandern; wer einen Genuß darin sucht, die einst an Ort und Stelle empfangenen überwältigenden Eindrücke, wenn auch aus zweiter Hand, in sich aufzunehmen und das gewissermaßen mitzuempfinden, was noch jetzt in der Erinnerung zu warmem Enthusiasmus fortreißt, der entdeckt in nachfolgenden Blättern vielleicht Manches, was ihn mit der Erzählungsform aussöhnt und dazu bewegt, freundlich über einzelne schwer zu umgehende Mängel hinwegzusehen.

1.
Der Sandsturm.

Wo in dem ungeheuern „Becken," begränzt durch die starren, nackten Joche des Wahsatch-Gebirges und der unabsehbaren Züge der theilweise in ewigem Schnee prangenden Sierra Nevada, dürrer, vegetationsloser Sand auf umfangreichen Strecken die Oberfläche des Bodens bildet, da ist es für den Menschen nicht rathsam, anders, als in größeren Gesellschaften die schrecklichen Wüsten jagend oder forschend zu durchkreuzen. Selbst den vereinigten Kräften treu zusammenhaltender Gefährten gelingt es oft kaum, dem drohenden Untergange zu entrinnen, der den Wanderer jener Regionen in den verschiedenartigsten und gräßlichsten Gestalten beständig angrinst. Bald sind es der Wassermangel und das Verschmachten und Dahinsterben der dem Reisenden unersetzlichen Lastthiere, bald die durch Heißhunger zur Tollwuth gereizten wilden Bestien, bald die, in ihren Neigungen sich kaum noch von den Thieren des Waldes unterscheidenden Eingeborenen, oder der von dem Sturmwind in dichten Wolken emporgewirbelte erstickende Flugsand, lauter Schrecknisse, die auch den kühnsten Geist zu beugen, den wildesten Muth zu brechen vermögen. —

Wenn nun die Reise ganzer Karavanen durch die unwirthlichen Theile des „großen Beckens" mit einem steten Kampf um das nackte Leben verglichen werden darf, um wie viel mehr ist der einzelne Wanderer, der dorthin verschlagen wurde, dem Verderben ausgesetzt! Und dennoch —

Ungefähr drei Tagereisen weit westlich von der südlichen Spitze des „Großen Salzsees," also vielleicht doppelt so weit von der Mormonenstadt, scheiden die Pah-o-tom- oder Ceder-berge, eine von Südwesten nach Nordosten laufende Felsen-kette, das „Quell-" oder „einsame Felsen-Thal" von der unabsehbaren, sich gegen Westen ausdehnenden sandigen Einöde. Eine alte, wenig befahrene Emigrantenstraße führt durch einen Paß dieses Gebirges und verliert sich schon nach kurzer Zeit in halb zugewehten Spuren von Wagenrädern und Packthierpfaden, die sich wieder in verschiedene Richtungen von einander trennen und, je weiter nach der Wüste hinein, um so schwächer und undeutlicher werden, bis sie endlich ganz in dem losen Sande verschwinden. Es geht daraus hervor, daß vielfach nach einem geeigneten Wege durch die wasserarme muldenförmige Sandsteppe geforscht wurde, daß die Bemühungen sich größtentheils als fruchtlos erwiesen, und daß man endlich zu der Ansicht gelangte, schwere und langsam reisende Trains lieber auf einem Umwege auf der Nordseite des Salzsees herumziehen zu lassen, als deren Existenz in einer näheren, aber gefährlicheren Richtung auf das Spiel zu setzen. —

Es war in den Frühstunden eines klaren, sonnigen Herbsttages, als eine einsame Wanderin aus der letzten Biegung des eben bezeichneten Passes trat und den Punkt erreichte, von welchem aus sie die erste Aussicht auf die gefürchtete Wüste gewann.

Der trostlose, vielleicht kaum geahnte Anblick mußte überaus niederdrückend auf sie einwirken, denn in dem Grade, in welchem das traurige Panorama sich immer weiter und weiter vor

ihr ausdehnte, wurde der rüstige Schritt, in welchem sie sich
genähert hatte, langsamer und unsicherer. Als aber endlich die
schreckenerregende Landschaft in ihrer todtenähnlichen Stille und
Regungslosigkeit vor ihr lag, ihre zagenden Blicke ungehindert
auf der Linie des Horizonts herumirrten und auf weiter nichts
trafen, als auf Wüstensand und auf ferne, duftig schimmernde
Felsgruppen, die wie verloren aus der gelben Ebene empor=
tauchten, da schien ein unüberwindliches Grauen sich ihrer zu
bemächtigen und die Kraft ihrer Füße zu lähmen.

Sie stand still, und indem sie nach der nordwestlichen Rich=
tung über Meilen und Meilen hinwegschaute, füllten ihre Au=
gen sich mit Thränen. Die Aufgabe, welche sie sich gestellt
hatte, erweckte jetzt offenbar Furcht und Entsetzen in ihr, denn
zagend und schüchtern blickte sie rückwärts in den Paß hinein,
von woher sie eben erst gekommen war.

Sie mochte ihrer Heimath in der Mormonenstadt gedenken,
die sie vor wenigen Tagen erst verlassen hatte, denn bange
Zweifel bewegten gar seltsam ihre bleichen, abgehärmten Züge,
während ein bitterer Seelenschmerz ihre Brust krampfhaft hob
und senkte.

Doch nur wenige Minuten dauerte dieser Kampf; wie ein
drohendes Gespenst schien es in ihrer Erinnerung aufzutauchen,
und indem ein Schauder ihre schlanke Gestalt erschütterte, wen=
dete sie sich hastig der Richtung zu, in welcher ihr Ziel lag.

„Ich werde es nicht ausführen können," flüsterten ihre noch
jugendfrischen Lippen, und in dem leisen Ton ihrer Stimme
offenbarte sich eine ganze Welt voll Zweifel und Schmerz.
„Meine Kräfte reichen nicht aus — und dennoch müssen sie
ausreichen!" fuhr sie lauter fort, und ihre Worte zitterten vor
inniger, wehmüthiger Bewegung, als die Bürde, welche sie in
einer Decke gehüllt vor sich trug, Leben verrieth. „O, sie müs=
sen ausreichen, für mein armes Kind — und sie werden es,

denn die Mutterliebe ist stark. Und wäre die Wüste noch zehn= mal so breit, ich würde meinen Engel sicher hinübertragen. Wer aber würde es wohl wagen, ihm Leid zuzufügen? Weder die Wölfe, noch die grausamen Indianer. O, die Indianer, auch sie haben Kinder, und wenn sie meinen süßen Knaben sehen, so werden ihre Herzen sich beim Anblick der lieblichen Erscheinung erweichen; sie werden ihn beschützen und ihn mir tragen helfen, mein liebes, liebes einziges Kind!"

Indem die junge Frau so sprach, hatte sie die Bürde, welche von einer andern, auf ihrem Rücken hängenden im Gleich= gewicht gehalten wurde, behutsam vor sich auf die Erde gelegt. Dann bei derselben niederknieend, öffnete sie die leichte Hülle vollständig, worauf sie ihre Blicke mit einem unbeschreiblichen Ausdruck von Liebe und Seligkeit an den großen blauen Au= gen eines etwa ein Jahr alten Knaben haften ließ, der neu= gierig und zufrieden zu ihr emporschaute.

Es war ein rührendes, Wehmuth erzeugendes Bild, die junge Mutter, die nur noch Blicke und Gedanken für ihr Kind hatte und in ihrer Sorge um dasselbe die ganze übrige Welt, selbst ihren tiefen, unheilbaren Kummer vergaß. Ihr feines, regelmäßig schönes Antlitz war wohl abgehärmt, und ein eigen= thümlicher Zug um den Mund verlieh demselben das Gepräge lange erduldeter Leiden; allein indem sie mit Stolz ihren Lieb= ling betrachtete, hatten ihre etwas eingefallenen Wangen sich vor innerer Aufregung wieder hoch geröthet, und selbst als glückliches, harmlos tändelndes junges Mädchen konnte sie kaum anziehender und bezaubernder gewesen sein, als jetzt, da Mut= terwürde ihre ganze Erscheinung verschönte und veredelte.

Ihre starken gelbblonden Haare waren nachläßig in einen Knoten am Hinterkopf zusammengeschürzt; einzelne Strähnen aber hatten sich während der Wanderung aus dem Knoten losgestoh= len und hingen, indem sie sich über das Kind hinneigte, als lange seidenweiche Locken zu demselben nieder, welches dann lallend und schäkernd nach den beweglichen Ringen haschte. Die großen hellblauen Augen, beschattet von blonden Brauen und Wimpern, hatten einen schwermüthigen Ausdruck, jedoch mehr in Folge der gegenwärtigen trostlosen Lage, als weil ihnen derselbe vielleicht angeboren gewesen wäre, und nur so lange, wie sie auf dem vollen Antlitz des kleinen Knaben ruhten, strahlten sie im innigsten Entzücken, um gleich darauf wieder um so trauriger in die Ferne zu spähen.

In ihrer übrigen Erscheinung, in den schmalen Händen und Füßen, wie in der ganzen Haltung verrieth die junge Frau, daß sie den höheren Ständen entstamme. Ihre Gestalt war groß und kräftig gebaut, und dabei trug sie dieselbe mit einer gewissen Anmuth, die auf eine sehr sorgfältige Erziehung deutete und weder durch Beschwerden und Entbehrungen, noch durch Erschöpfung hatte gänzlich verwischt werden können.

In ihrer Bekleidung war, wenn man die große Entfernung von der verfeinerten Civilisation berücksichtigte, Wohlhabenheit unverkennbar, denn Alles bestand aus so kostbaren Stoffen, wie sie in der Salzseestadt wohl nur unter bedeutenden Geldopfern zu erschwingen gewesen; dagegen hatte der Staub die Farben des Zeuges schon sehr entstellt und die letzte Probe von Schwärze von den starken, festbesohlten Schuhen mit fortgenommen.

Die Ausrüstung der einsamen Wanderin bestand aus einem Bündel Kleidungsstücke, einer wollenen Decke, einem Säckchen mit einer Mischung von braunem Zucker und feingeriebenem Mais- und Weizenmehl, dem bekannten, sehr nahrhaften Pinole, und einem mäßig großen Lederschlauch mit Wasser. Wenn zu diesem aber noch der kräftige Knabe hinzugefügt wurde, so bildete das Ganze eine Last, die auf die Dauer auch für den stärksten Mann zu viel hätte werden müssen, zumal auf einem

Boden, auf welchem die Füße bei jedem Schritt tief in das lose Erdreich einsanken, oder auch streckenweise gegen scharfes Gestein und dornenreiches Gestrüpp zu kämpfen hatten. Doch was jeden andern ruhig überlegenden Menschen mit Besorgniß und Grauen erfüllt hätte, das beschäftigte nur zeitweise den Geist der jungen Mutter, und wenn das Bewußtsein ihrer hülflosen Lage wirklich zuweilen ihren letzten Muth zu brechen drohte, dann brauchte sie nur rückwärts zu schauen, um ihren wankenden Entschluß wieder zu befestigen und die sich ihr entgegenstellenden Hindernisse vor ihrer wild erregten Phantasie verschwinden zu machen. Hatte sie doch auf ihrer Flucht von der Mormonenstadt absichtlich, um einer Verfolgung zu entgehen und die ihr Nachsetzenden zu täuschen, die eigentliche Emigrantenstraße verlassen und den längst nicht mehr benutzten Weg durch die Wüste eingeschlagen. Was waren ihr drei, vier Wochen der Einsamkeit in der schrecklichen Wildniß, die sie nur dem Namen nach kannte? Sie wußte, welche Richtung sie beizubehalten hatte, um weiter oberhalb wieder in die Emigrantenstraße zu gelangen, die zur Zeit noch von Auswanderern belebt sein mußte, und das war ihr genug. Fort, weit fort vom Salzsee drängte es sie; fort von dem Lande, wo sie ein Paradies zu finden erwartete, und wo sie schmählich hintergangen worden war; fort, gleichviel, ob mit Gefahr ihres Lebens, wenn nur ihr Kind, ihr lieblicher Engel, gerettet wurde. —

„Ja, ich trage Dich durch diese Wüste," wiederholte sie fest und muthig, indem sie die niederhängenden Locken auf dem Gesicht des kleinen Knaben tanzen ließ, daß dieser jubelnd und kreischend mit beiden Händchen um sich schlug. „Du bist nicht schwer — doch, Du bist sehr schwer und wohlgenährt, aber nicht zu schwer für Deine Mutter, und auf der Emigrantenstraße werden wir barmherzige Menschen finden, die sich unserer annehmen und uns nach Kalifornien bringen. Dort aber will ich

arbeiten und sparen, bis ich die Mittel zusammen habe, die Rück=
reise nach der lieben süßen Heimath jenseit des Oceans antreten
zu können. — O Heimath! Wäre ich ihm doch nie gefolgt! Er
war gut, er war edel, bis die neue Lehre ihn verdarb. Armes,
armes Kind, was wirst Du dereinst sagen, wenn Du erfährst,
wie Dein Vater an mir, Deiner bedauernswerthen Mutter, ge=
handelt? Im Vertrauen auf seine Liebe und durchdrungen von
den scheinbar geläuterten christlichen Lehren gab ich meine glück=
liche Heimath auf, um ihm zu folgen. Ahnungslos und mit
treuer Hingebung begleitete ich ihn auf der weiten Wanderung
nach dem so verlockend geschilderten Ziel, um hier zum Bewußt=
sein einer schrecklichen Lage zu gelangen!"

Hier schwieg die junge Frau, und bittere, heiße Thränen
rollten über ihre bleichen Wangen auf den lächelnden Knaben
hinab. Die Worte, die sie anfangs, als ob er sie verstanden
hätte, an ihren Liebling richtete, waren allmälig in ein Selbst=
gespräch übergegangen, oder vielmehr in laute Betrachtungen,
die sie leiser und leiser vor sich hinmurmelte.

Nach einer kurzen Pause fuhr sie, wie aus einem Traume
erwachend, heftig empor; ihre Wangen rötheten sich schnell wie=
der, und in seltsamem Feuer leuchteten ihre sonst so milden
Augen.

„Ich, seine vor Gott und den Menschen rechtmäßig ange=
traute Gattin, ich, die ich an weiter nichts dachte, als ihm das
Leben zu versüßen, ich mußte es dulden, daß er, heidnischen Ge=
bräuchen huldigend, noch eine zweite Frau durch die Banden
der Kirche an sich fesselte!" rief sie glühend vor Scham und
Zorn aus, indem sie ihre Hände über dem Kinde krampfhaft in
einander ballte. „Getäuscht, betrogen, schändlich betrogen, wie so viele
meines Geschlechts, die in blindem Vertrauen ihren Gatten hie=
her nachfolgten! Betrogen und verhöhnt, und mir bleibt nur die
Schande, oder der Tod in der Wüste!"

„Wasser!" stammelte der Knabe, und reckte der verzweifelnden Mutter die Aermchen entgegen.

„Nein, nein, nicht der Tod," begütigte die junge Frau, über ihre eigenen Worte erschreckt zusammenfahrend; „nein, lieber alle Schande, allen Hohn der Welt ertragen. Hast ja sonst Niemand mehr als Deine Mutter, Deine Mutter, die über Dich wachen und für Dich sorgen wird," fügte sie liebreich hinzu, indem sie den Schlauch entkorkte und von dem klaren Quellwasser in eine blecherne Tasse laufen ließ.

„Trinke, mein süßes Kind," sagte sie dann, den Knaben aufrichtend und die Tasse an seinen Mund haltend; „trinke nach Herzenslust, auch ich will ein Schlückchen nehmen, damit ich nicht entkräftet werde."

Der Knabe trank mit vollen Zügen; die junge Frau dagegen betrachtete unterdessen mit einem Seitenblick den noch vollen Schlauch. Sie hatte ihn erst in der Frühe an einer Gebirgsquelle gefüllt, und mochte darüber nachsinnen, wo und wann sie die nächste Gelegenheit finden würde, sich mit einem neuen Wasservorrath zu versehen.

„Wenn der Inhalt nicht ausreichte," flüsterte sie unbewußt, und ein leises Beben ergriff sie; „aber er muß ausreichen, wenn ich enthaltsam bin und mir nur den Gaumen netze. Das Wild wird mir schon rechtzeitig eine andere Quelle zeigen. Drei Tagereisen von hier soll ein Bach am Rande der Wüste dahinrieseln; gebrauchte ich auch vier, fünf Tage, so würde mein Knabe noch keine Noth leiden —"

In diesem Augenblick gab das Kind zu verstehen, daß es sich zur Genüge gelabt habe. Es waren noch einige Tropfen in der Tasse zurückgeblieben. Die Mutter netzte mit denselben, wie sie eben gesagt hatte, ihren Gaumen, und dann ihre geringen, aber unschätzbaren Habseligkeiten wieder vorsichtig zusammenpackend, traf sie Anstalt, ihre Wanderung fortzusetzen. Als sie

aber ihren Knaben von der Erde aufheben wollte, da weigerte
sich dieser, ihr Folge zu leisten. Ein leiser Wind war von Süd=
westen her aufgesprungen und trieb spielend lange Streifen leich=
ter loser Sandtheilchen über den trügerischen Erdboden dahin.
Die beweglichen Sandtheilchen aber hatten des Kindes Aufmerk=
samkeit erregt, und wie jüngst die Locken der Mutter, so suchte
es jetzt diese sich anzueignen.

„Komm, mein Kind," sagte die Mutter zärtlich, und ihr
gramerfülltes Antlitz erhellte sich zu einem flüchtigen Lächeln,
„komm, die Frühstunden eignen sich am besten zur mühevollen
Wanderung; nachher, wenn wir erst eine größere Strecke zurück=
gelegt haben, dann wollen wir rasten und mit dem Sande spielen."

„Spielen, spielen!" rief das Kind, sich eigenwillig auf die
Seite werfend.

Die Mutter lächelte wieder, hob den Kleinen trotz seines
heftigen Sträubens empor, befestigte ihn so vor sich in die Decke,
daß er um sich zu schauen vermochte, und nachdem sie sodann
ihren breitrandigen Strohhut etwas seitwärts gezogen, um dem
Kinde Schutz gegen die hellen Strahlen der Sonne zu gewähren,
ergriff sie ihren langen Wanderstab, und ohne Seufzer oder Klage,
aber stets noch plaudernd mit dem Kinde, schritt sie gerade in
die Wüste hinein. —

Die Sonne war um diese Zeit vollständig hinter der östli=
chen nackten Bergreihe hervorgetreten, und indem sie ein blenden=
des falbes Licht über die Ebene und die dünenartigen Sand=
anhäufungen nahe der Felsenkette verbreitete, erwärmte sie schnell
die nahe dem Erdboden lagernden Luftschichten, daß diese, sich
langsam mit den oberen kühleren vermischend, sichtbar in wellen=
förmiger Bewegung flimmerten und bebten. Der Wind strich
leise dahin, und immer weiter dehnten sich die tanzenden Flug=
sandstreifen aus, auch in größerer Entfernung leicht erkennbar an
der helleren Farbe.

Außer der wandernden Mutter mit ihrem Kinde war im weitesten Umkreise kein lebendes Wesen zu entdecken. Kein Laut, kein Ton, ob nun drohend oder jammernd, deutete darauf hin, daß die Natur auch in diesem traurigen Erdenwinkel vereinzelte ihrer Geschöpfe untergebracht habe. Es war, als habe ein Fluch auf der ganzen Landschaft geruht, ein Fluch, der jedes organische Leben schon im Keime erstickte, und nur das kümmerliche Gedeihen der den Menschen und Thieren feindlichen Dornengewächse gestattete.

Doch blind für alles dieses verfolgte die Wanderin ihren Weg. Sie hatte den nebelähnlichen Gipfel eines am nordwestlichen Horizont auftauchenden Berges zu ihrem Ziel gewählt, und unbekümmert um die tödtliche Einsamkeit, lenkte sie ihre Schritte auf denselben hin. Die zunehmende Wärme und die schwere Last trieben den Schweiß in Perlen von ihrer Stirn, allein sie achtete nicht darauf. Sie fühlte sich noch stark, so stark, als ob ihre Kräfte nie zu erschöpfen gewesen wären. Ihr Kind war eingeschlafen; vorsichtig vermied sie jede Bewegung, die dasselbe hätte wecken können, und mit innerer Zufriedenheit bemerkte sie, daß der Sand immer lustiger und höher vor dem wachsenden Winde dahinstäubte. Sie hoffte, ihren erwachenden Kleinen mit dem sonderbaren Schauspiele zu erfreuen; gewährte es ihr doch selbst einige Unterhaltung, zu beobachten, wie die weißen Streifen sich bald verlängerten, bald verkürzten, oder sich auch zu großen regsamen Flächen vereinigten und dann wieder schnell in kleine Felder auseinanderrissen.

Plötzlich fuhr sie, indem sie zur Seite schaute, erschreckt zusammen. Ihre Blicke waren auf einen klaren See gefallen, der seine zitternden Fluthen mit reißender Schnelligkeit bis auf etwa hundert Schritte an sie heranwälzte und sich dann zu beiden Seiten von ihr ausdehnte. Sie faßte sich indessen schnell wieder, und die Hand auf ihre Brust legend, wie um das heftige Pochen des

Herzens zu beruhigen, blickte sie, ohne die Eile ihrer Schritte zu mäßigen, eine Zeit lang mit besorgnißvoller Theilnahme auf den trügerischen Wasserspiegel.

„O, wenn es doch Wasser wäre," sagte sie mit einem tiefen Seufzer, „süßes, klares Wasser; ich brauchte dann nicht zu sparen. — Aber es ist Täuschung, für den Durstigen bittere, martervolle Täuschung," fuhr sie fort, als sie bemerkte, daß der See mit seiner leicht gekräuselten Oberfläche gleichen Schritt mit ihr hielt und, wenn sie sich ihm zu nähern trachtete, neckisch vor ihr zurückwich.

„Und dort die Inseln mit den schattigen Baumgruppen," nahm sie nach einer längeren Pause ihr Selbstgespräch wieder auf, „wie würde mein Knabe sanft schlummern unter dem schattigen Laubdach, oder spielen am Rande des seichten Gewässers! Aber es ist Täuschung; dort verschwindet eine Insel, die Bäume schrumpfen zu Artemisia-Büschen zusammen, hier steigt eine andere Insel aus den Fluthen empor — aber ich will nicht mehr darauf hinblicken, es stimmt mich trübe."

So sprechend, senkte sie die Augen vor sich auf die Erde, in welche ihre Füße stellenweise bis an die Knöchel einsanken.

Der Wind hatte sich erst wenig verstärkt, doch fiel es ihr auf, daß die Schicht des treibenden Flugsandes bedeutend höher geworden war, und die weißen Streifen nicht mehr, wie kurz vorher, auseinanderrissen, sondern, so weit die Luftspiegelung nicht den Erdboden mit einem bläulichen Schleier verhüllte, eine einzige bewegliche Decke bildeten.

Da fuhr ein heftigerer Windstoß über die Ebene, und indem die junge Frau ihre heiße Stirn demselben darbot, gewahrte sie, daß eine dichte Staubwolke den Spiegel des Sees trübte und zerriß.

„Ich werde meinem Knaben das schöne Schauspiel nicht mehr

zeigen können, wenn der Wind noch zunimmt," sagte sie, mit einer Anwandlung von Bedauern den zerstörten See betrachtend.

„Trinken!" rief das Kind mit noch geschlossenen Augen; im nächsten Augenblick hob es aber den Kopf empor, und mit dringenderem Ausdruck wiederholte es seinen Wunsch nach Wasser.

Die Mutter stand still und warf einen Blick rückwärts. Ueber der zurückgelegten Bahn lagerte ein dichter Schleier des treibenden Sandes; das Gebirge und der Paß waren aber noch sichtbar, und leicht berechnete sie, daß sie schon gegen sechs englische Meilen gewandert sei.

„Es ist freilich noch früh, aber trinken sollst Du, mein Kind," sagte sie zärtlich, indem sie sich ihrer Bürde entledigte. „Ja, trinken und auch etwas essen, damit mein Engel keine Noth leidet."

Mit diesen Worten öffnete sie das Säckchen mit dem Pinole, und nachdem sie von dem feinen, versüßten Mehl in die Tasse gethan, fügte sie so viel Wasser hinzu, bis dadurch eine Art von Suppe entstand.

Bei dieser Arbeit wurde sie daran gemahnt, daß ein Sturm in der Wüste doch wohl weniger harmlos sei, wie sie bis dahin geglaubt hatte, denn nur mit der größten Mühe vermochte sie den zudringlichen Sand, der geschickt jede kleine Oeffnung zu finden wußte, von dem Pinole und dem Wasser fern zu halten. Ernste Befürchtungen stiegen aber immer noch nicht in ihr auf, selbst auch dann noch nicht, als sie nach Befriedigung der Wünsche des Kindes die Wanderung wieder antrat und der wirbelnde Sand ihr schon bis über die Kniee reichte.

Der trügerische See war um diese Zeit wieder vollständig verschwunden; die junge Frau konnte daher die Aufmerksamkeit ihres Kindes nicht mehr auf den scheinbar Wellen schlagenden Wasserspiegel hinlenken; dafür aber gewährte der treibende Sand, der immer höher und höher stieg, ihm eine doppelte Unterhaltung, und mehrfach mußte die Mutter sich niederbeugen, um ihn nach den flüchtigen Sandtheilchen haschen zu lassen, die unhörbar und hastig der ihnen vom Winde angedeuteten Bahn nacheilten.'

„Wenn die Masse nur nicht zu hoch steigt," dachte die jetzt schon ermüdende Wanderin mit einem tiefen Seufzer, der in seltsamem Widerspruch stand zu dem Kreischen und Jubeln des entzückten Knaben. — Doch der Sand und der zum Sturm anwachsende Wind nahmen keine Rücksicht auf das brechende Mutterherz oder auf das Engelsantlitz des kleinen Knaben. Heftiger wühlten die kreisenden Luftströmungen in dem losen Erdreich, höher und dichter jagten sich die falben Staubwolken. Schien es anfangs, als wate die Mutter mit dem Kinde in einem gelben See, so hätte man sie jetzt, aus der Ferne gesehen, für einen kühnen Schwimmer halten mögen, der, Kopf und Schultern über den Fluthen, mit aller Kraft gegen eine verderbliche Strömung an=kämpfe. —

Die Besorgnisse der jungen Frau hatten sich schon längst in die ernstesten Befürchtungen verwandelt. Als sie aber die den Gaumen ausdörrenden Staub= und Sandtheilchen nicht mehr von dem Kinde fernzuhalten vermochte, und dieses einmal über das andere Mal winselnd und jammernd nach Wasser rief, da bemächtigte sich ihrer das furchtbarste Entsetzen. Sie wollte zurückeilen in den Schutz der Gebirgsschluchten und dort in der Nähe der Quelle eine Aenderung des Wetters abwarten; doch zu weit befand sie sich schon von dem Paß entfernt, und der Rest des Tages und ein Theil der Nacht wären darüber hinge=gangen, eh' sie, bei der nunmehr schon eingetretenen Erschöpfung, den ersehnten Schutz erreicht hätte. Sie fühlte, sie hatte sich zu viel zugetraut; auch sie besaß nur die Kräfte einer Sterb=lichen, und von einem Sandsturm, wie er jetzt ihr und ihres Kindes Leben bedrohte, hatte sie ja nie eine Ahnung gehabt.

Verzweifelnd blickte sie zu den fernen Gebirgszügen hinüber. Nur die höchsten Gipfel unterschied sie noch von ihrem niedrigen Standpunkte aus. Alles Uebrige war eine pfeilschnell dahinstreichende, erstickende Masse und blendender, unveränderlicher Sonnenschein, und immer lauter und schärfer pfiff der Wind. Das Kind, nachdem es noch eine Weile gejammert und vergeblich gesucht hatte, durch Reiben mit den Händen den ätzenden Staub aus den Augen zu entfernen, hatte diese zuletzt gar nicht mehr zu öffnen gewagt, und war vor Schmerz und Erschöpfung wieder eingeschlummert. Die Mutter dagegen bot dem Unwetter noch immer Trotz, als die Sandschicht schon weit über ihren Kopf hinausragte. Der Berggipfel, nach welchem sie die Richtung ihrer Reise bestimmte, war ihr längst nicht mehr sichtbar; eben so waren die übrigen Gebirgszüge ihrem Gesichtskreise entschwunden. Nur der Wind und die Sonne blieben ihre Wegweiser, der Wind, der ihr mit schwereren und schärferen Steinchen die Haut peitschte, und die Sonne mit blutrother, durch den Sandnebel verfinsterter Scheibe.

Mechanisch setzte sie einen Fuß vor den andern, und matt hingen die Lider über die brennenden Augen. Ein grimmer Schmerz durchwühlte ihre Brust, ein Schmerz, zu herbe, zu tief, als daß er sich in Thränen seinen Weg hätte bahnen können. Was die junge Frau schon erduldet und gelitten, das kam jetzt nicht mehr in Betracht; sie hegte nur noch einen einzigen Gedanken, und der betraf ihr Kind und die mögliche Rettung desselben. Nur flüchtig gedachte sie der Heimath, die sie erst vor wenigen Tagen heimlich verlassen; sie gedachte derselben ohne Reue über ihr Thun, aber ein Schauder ergriff sie, als das Bild ihres Gatten ihr vor die Seele trat, das Bild Desjenigen, der sie so schändlich hintergangen hatte.

„Fortgetrieben hast Du mich in den Tod," sagte sie verzweiflungsvoll vor sich hin, und trotz des wehenden Sandes suchte sie die Augen weit genug zu öffnen, um zwischen den Falten der Decke hindurch einen Blick auf ihr fieberhaft schlummerndes Kind zu erhaschen. „Fort in den Tod, mich und Dein Kind, wenn ein guter Gott sich nicht unserer erbarmt!" — sie wollte weiter sprechen, aber ein heftiger Windstoß erstickte ihre Stimme, und kaum noch fähig, sich aufrecht zu erhalten, schloß sie die Augen. —

„Ich kann nicht weiter," flüsterte sie nach einigen Minuten, und indem sie zu der dunkelbraun-rothen Scheibe der Sonne emporschaute, entdeckte sie, daß sie von ihrer alten Richtung abgewichen war. „Nein, ich kann nicht mehr! O, hätte ich nur einige Stunden länger bei der Quelle verweilt, ich würde die drohende Gefahr kennen gelernt und sie vermieden haben. Armes, armes Kind, Deine eigene Mutter hat Dich in den Tod getragen, wenn nicht —"

Hier stockte ihre Stimme wieder, und mit einem unbestimmten Gefühl von Furcht und Hoffnung sank sie auf die Knie. Sie glaubte den Ton menschlicher Stimmen vernommen zu haben, und aufmerksam lauschte sie in die Ferne.

Längere Zeit hindurch traf nur das Brausen und Pfeifen des Windes ihr Ohr; dann aber unterschied sie ganz deutlich, und zwar in nicht allzu großer Entfernung, das dumpfe Getöse, mit welchem eine Anzahl Pferde den Boden mit ihren Hufen stampften, und das Schnauben, mit welchem sie Staub und Sand aus ihren Nüstern zu entfernen trachteten.

„O wenn es Rettung wäre!" stöhnte die gequälte Mutter leise, und weiter neigte sie sich über ihren Knaben hin, um ihm Schutz gegen den Andrang des Wetters zu gewähren.

„Bei Gott! ich sage Euch, es ist vergebliche Mühe, wir mögen eben so gut umkehren und Zuflucht im Gebirge suchen," übertönte eine rauhe Stimme das Schnauben und Pferdegetrappel.

Die junge Frau hätte aufjauchzen mögen, als sie die Nähe

weißer Menschen erkannte, aber Entsetzen lähmte ihr im nächsten Augenblick wieder die Zunge, sobald sie die Stimme ihres Gatten vernahm, die Stimme desjenigen, den sie auf der ganzen Welt am meisten fürchtete.

„Sie kann nicht weit sein!" rief derselbe mit vor Ingrimm bebender Stimme aus; „sie hat an der Quelle übernachtet, und Ihr Alle habt ihre Spuren noch im Ausgange des Passes gesehen. Wären wir nur eine halbe Stunde früher in's Freie gelangt, so hätten wir wenigstens noch ihren Kopf aus der Ferne entdecken müssen; denn noch ist es keine zwei Stunden her, seit der Sand Manneshöhe erreichte."

Die junge Frau, mehr einem Instinct, als einer ruhigen Ueberlegung folgend, schmiegte sich noch fester an den Boden. Sie berechnete aus dem Geräusch, daß die Reiter an ihr vorüberziehen würden, und hoffte daher unentdeckt zu bleiben.

„Eine Frau, welche dem Gatten entflieht, sollte man ruhig laufen lassen, anstatt ihr in einem solchen verfluchten Wetter nachzujagen!" sagte die erste Stimme jetzt wieder mit noch ausgeprägterem Mißmuth.

Die junge Frau schauderte; die Reiter befanden sich ihr gerade gegenüber, kaum fünfzehn Schritte weit von ihr entfernt, und der Wind trug ihr jede einzelne Silbe ihres Gespräches zu.

„Mögen die Gebeine der Abtrünnigen im Sande bleichen, wenn es mir nur gelingt, des Knaben wieder habhaft zu werden," entgegnete derjenige, den die junge Frau als ihren Gatten erkannt hatte; „ja, ich muß ihn wiederhaben, denn einestheils ist es mein Kind, und anderntheils knüpfen sich zu große Rechte an seine Person. Alles, Alles wäre verloren, geriethe er in unrechte Hände. Wir müssen ihn finden, und wir finden ihn auch, und sollten wir ihn halbtodt unter dem Sande —"

Weiter vernahm die Mutter nichts mehr, die Reiter galoppirten schon wieder außerhalb der Hörweite dahin, und immer schwächer drang zeitweise nur noch das Schnauben und Stampfen der Pferde zu ihr herüber.

„Wer wohl heiligere Rechte an Dich besäße?" sagte sie, in Thränen ausbrechend, indem sie dem erwachenden Kinde mit Küssen den Mund schloß, denn noch immer befürchtete sie, daß ein Ruf oder ein Aufschrei des Knaben die Reiter zurückrufen würde. „O wer besäße wohl heiligere Rechte an ein Kind, als die Mutter desselben? Aber still, mein Engel, sie sollen Dich nicht haben, um Dich ihren schändlichen Zwecken dienen zu machen. Ich rette Dich, und sollten wirklich meine Gebeine im Sande bleichen. Du mußt, Du wirst gerettet werden, oder es giebt keine Gerechtigkeit mehr im Himmel. Auch trinken sollst Du, so viel Du nur willst, und wenn der Sturm sich gelegt hat, dann kehren wir zur Quelle zurück, um dort beständigeres Wetter abzuwarten; sei darum ruhig, mein Herzenskind, Deine Mutter ist bei Dir."

Während die von Angst und Sorge erfüllte Mutter in dieser Weise dem jammernden Knaben beruhigend zusprach, suchte sie ihm, da der dicht wirbelnde Sand den Gebrauch der Tasse nicht gestattete, das Wasser gleich aus dem Schlauch einzuflößen. Es gelang ihr dies nur mit vieler Mühe. Nachdem sie endlich seinen Durst gestillt und auch selbst einen bescheidenen Trunk zu sich genommen, legte sie sich so neben ihn hin, daß er nicht von dem Sturm getroffen werden konnte. Mittelst der Decke stellte sie sodann, dieselbe unter ihren Schultern befestigend, eine Art Zeltdach für sie Beide her, und da sie sich überzeugte, daß in dem geschützten Winkelchen der Staub nicht mehr mit erstickender Gewalt in die Luftröhren eindrang, so drückte sie ihr Kind fest an sich, um in dieser Lage das Niedergehen des Windes abzuwarten. Das Kind entschlief bald wieder; auch die Mutter vermochte nicht lange dem Schlaf Widerstand zu leisten;

sie war zu erschöpft von der beschwerlichen Wanderung, zu gebrochen durch die andauernde Seelenqual.

Der Sturm dagegen schien unermüdlich zu sein. Mit wachsender Gewalt wühlte er den lockern Boden auf, um die für seine Kräfte nicht zu schweren Steinchen und Sandtheile zu einem dichten Nebel emporzuwirbeln. Auch über die Mutter und ihr Kind strich er hin; er fand dort eine geeignete Stelle, einen Theil seiner Last abzusetzen, und schleunigst baute er vor und hinter ihnen, wie um sie allmälig zu begraben, kleine Wälle auf. Hui! wie der Sand über den entstehenden Hügelchen kreiste und kreiste, ehe er sich niederließ, und wie die sinkende Sonne so braunroth und trübe, so ganz ohne Strahlen durch die verdichtete Atmosphäre auf das Werk des Sturmes niederschaute! Aber um die Sandhügelchen herum, unter welchen zwei lebende Wesen immer schwächer athmeten, schlich näher und näher, die gierigen Krallen nach seinen Opfern ausstreckend, der grimme, unbarmherzige Tod. —

2.
Die Matrosenschänke.

Die Vereinigte Staaten-Regierung hatte den Mormonen den Krieg erklärt, und am Missouri wurden an allen den Zwecken entsprechenden Punkten mächtige Wagentrains befrachtet und ausgerüstet, theils um die nach dem Salzsee bestimmten Truppen durch die endlosen Steppen und Wüsten zu begleiten, theils um den schon in der Nähe des Salzseethales lagernden Commandos

Lebensmittel und Kriegsmaterial zuzuführen. Doch Kriege wurden zu damaliger Zeit von den Bürgern der Vereinigten Staaten noch außerordentlich leicht genommen, namentlich aber ein Feldzug gegen die Mormonen, zu welchem man nicht einmal Freiwillige aufzubieten brauchte. Man hielt nämlich eine reguläre Armee von sechs= bis achttausend Mann für hinreichend, eine doppelt so starke Macht der entschlossensten und zugleich fanatisirten Männer nach allen vier Himmelsgegenden auseinander zu jagen, und gab sich nicht einmal die Mühe, den Mormonen die Wege, auf welchen sie ihre Hülfsmittel erhielten, abzuschneiden. Ja, man ging sogar so weit, den aus allen Richtungen, gehorsam den Befehlen ihres Propheten, herbeieilenden „Heiligen" und Proselyten, gegen gute Bezahlung Alles einzuhändigen, was sie wünschten, und wären es auch die für das warme Herzblut und die gesunden Glieder der Vereinigte Staaten=Truppen bestimmten Kugeln gewesen.

Die Aussicht auf einen bevorstehenden Krieg erweckte daher mehr freudiges Interesse, als Bedauern, und wenn sich das Interesse wirklich hin und wieder zum Enthusiasmus steigerte, so war damit sicher in den meisten Fällen die Hoffnung auf gewinnbringende Lieferungen für die Armee verknüpft, oder die feste Erwartung, endlich einmal wieder die höchst langweiligen Zeitungen mit den Berichten der Wunder der Tapferkeit, vorzugsweise ausgeführt von den früheren Zöglingen der vortrefflichen Officierschule zu Westpoint, angefüllt zu sehen.

Ja, auch dort lebte man noch in dem kindlichen Glauben, daß eine hübsche Haltung, Glanzstiefel, wohlgebürstete Uniformen und Lorgnetten die Hauptbedingungen seien, eine Armee furchtbar zu machen.

Die letzten Jahre der nordamerikanischen Geschichte haben indessen hinlänglich das Gegentheil bewiesen, und selbst die eiteln Franzosen und die dünkelhaften Engländer würden es nicht

mehr wagen, in, üblicher geringschätziger Weise über eine kriegs=
gewohnte Nation ein ganzes Volk in Waffen, zu urtheilen, trotz=
dem dasselbe an äußerem Glanz mit keinem von Beiden zu wett=
eifern vermöchte.

Der Krieg gegen die Mormonen war also erklärt, ohne daß
dadurch New=York von der Stelle gerückt worden wäre. Es
herrschte daselbst noch immer dasselbe Leben und Treiben. Schiffe
gingen, Schiffe kamen, Menschen und Waaren wurden hierhin
und dorthin gestoßen und versendet, und unter denjenigen, die
dort nach langer Seefahrt den Fuß wieder zum ersten Mal auf's
Festland setzten, befand sich gewiß keine geringe Zahl solcher Leute,
deren Endziel die heilige Stadt der Mormonen am großen
Salzsee. —

Doch wer hätte sich wohl die Mühe geben mögen, unter
allen Denen, die dort landeten, die Mormonen herauszusuchen,
um so mehr, da dieselben kein äußeres Erkennungszeichen an sich
trugen? Sie sahen eben aus, wie alle übrigen Menschen, und
schienen nicht minder Eile zu haben, wie die Hunderte und Tau=
sende verschiedener Gestalten, die alle ihren v███████en Be=
schäftigungen nachgingen, ohne sich Einer um den Andern zu
kümmern.

Wer nun in den letzten Nachmittagsstunden ein█ freund=
lichen Herbsttages, von der Landungsbrücke der ██████elphia=
Eisenbahnlinie gehörenden Dampfboote aus, seine ███ über den
von der Fluth gestauten Hudson nach seiner Mündung zu hätte
schweifen lassen, dem würde unter den zahllosen Fahrzeugen
gewiß ein Schiff besonders aufgefallen sein, welches, in der
Mitte des Stromes regungslos vor Anker liegend, sich durch seine
schlanken Spieren, straffe Takelage und durch die achtungge=
bietenden Reihen halb geöffneter Kanonenluken als ein Kriegsschiff
bekundete. Von der Gaffel flatterten im Abendwinde die lu=
stigen Sterne und Streifen der großen Republik, während der

kurze gedrungene Schornstein noch immer die Rauchwolken der ersterbenden Maschinenfeuer in die mit Steinkohlendunst angefüllte Atmosphäre hinaufsandte und dem stattlichen Fahrzeug den äußern Charakter eines nach wildem Wettlauf dampfenden und rastenden Renners verlieh.

Wanderten die Blicke dann von den größeren Fahrzeugen zu den kleineren und allerkleinsten hinüber, so begegneten sie auch hier einem Boot, welches die Aufmerksamkeit länger fesselte, und zwar, weil es, wie die bewaffnete Schraubencorvette, den ernsten Zwecken des Krieges zu dienen schien. Es trug dieselben Farben, wie die Corvette, und auch in denselben Verhältnissen angebracht, wie bei jener, so daß man es auf den ersten Blick für einen Angehörigen derselben erkannte, auch ohne das U. S. M. auf den Hüten und blauen Hemden der vierrudernden Matrosen und des das kleine Steuer führenden Bootsmanns beobachtet zu haben.

Es waren übrigens vier dralle, kräftige Burschen, die auf den Ruderbänken saßen. Ihre Physiognomien, soweit die vollen Backen- und Kehlbärte sie nicht beschatteten, waren braun wie Mahagoni, ihre knochigen Fäuste nicht minder; wo aber die Hemdenkragen vorn auf der Brust auseinanderschlugen, da erblickte man, wie auch auf den entblößten Unterarmen, ein solches Gewirr von blau tätowirten Ankern, Herzen, Anfangsbuchstaben des eigenen Namens und der Namen von Mädchen, denen einst ewige Treue geschworen worden war, daß ein vollblütiger Minetareh-Indianer auf die unauslöschlichen verschlungenen Linien hätte neidisch werden können.

Doch die tätowirten Zeichen waren ja nicht aus der Ferne zu unterscheiden; um so besser erkannte man aber dafür den prächtigen Rudertact, in welchem sie das Boot über die Fluthen dahintrieben. Handhabten sie doch die wuchtigen Riemen, als wenn es ebenso viele Pfeifenstiele gewesen wären, oder als ob

sie sich, anstatt auf den Ruderbänken, an einem schönen Sonn=
tag Mittag beim Wegstauen eines gut gerathenen Puddings
befunden hätten.

Genug, jeder einzelne dieser Burschen zeigte das untadelhafte
Bild einer richtig auskalfaterten Theerjacke Nr. 1. A., doch bei
allem Dem waren sie nichts, im Vergleich mit dem Hochboots=
mann, der hinten im Stern des Bootes saß und das leichte
Fahrzeug mittelst zweier an dem kleinen Steuer angebrachten
Schnürchen in seinem schnellen Lauf lenkte.

In der Bekleidung unterschied sich derselbe von seinen Ge=
fährten nur dadurch, daß er ein silbernes Pfeifchen an einer
silbernen Kette um den Hals trug, dagegen lag in seiner nach=
lässigen Haltung eine solche Würde, ein solches Selbstbewußtsein,
wie nur eben ein Mensch empfinden kann, der nach langen
Jahren schweren Dienstes endlich die erste Stufe zur höchsten
Macht erstieg.

Sein Körper war groß, hager und von herkulischem Bau,
die Bewegungen aber, trotz der fünfzig bis sechszig Jahre, die
er schon flott gewesen, noch immer leicht und sicher, wie bei
Jemandem, der das Bewußtsein hegt, nie eine falsche oder vor=
schnelle Bewegung auszuführen. Seine Fäuste glichen einem
Paar eiserner Schraubstöcke; seine Arme festen Handspeichen;
sein dunkelbraunes Gesicht aber, welches dünnes, schwarzes, mit
etwas Grau untermischtes Haupthaar von oben, und ein dichter
blau=schwarzer Bart, der wie eine Binde von dem einen Ohr
nach dem andern unter dem Kinn durchlief, von unten ein=
rahmte, erinnerte nicht wenig an ein altes zersetztes Logbuch,
in welchem schon seit einem halben Jahrhundert die Stürme
und Windstillen aller Breiten und Längen eingetragen worden.

Die ursprünglichen Gesichtsformen bei ihm herauszufinden,
würde gewiß schwer gehalten haben, denn außerdem, daß die
Haut durch die stets wechselnden atmosphärischen Einflüsse, wie

bei einem Blatterkranken, verharrscht war, lief noch zum Ueberfluß von dem rechten Ohr quer über die Nase nach dem linken Auge eine furchtbare Narbe hinüber, die er offenbar dem Schlage mit einem Messer oder dem Hiebe mit einem kurzen schweren Cutlaß oder Enterschwert verdankte.

Sein gewiß nicht schönes Gesicht erhielt durch die verunstaltende Narbe einen merkwürdigen Ausdruck grimmiger Wildheit. Derselbe wurde indessen bedeutend gemildert durch die kleinen, etwas zusammengekniffenen Augen, die, verschlagen unter dichten buschigen Brauen hervorlugend, bei allem Ernst doch einen hohen Grad von Gutmüthigkeit verriethen.

Die unzähligen Ruder- und Segelboote, die, bald geführt von kundigen Händen, bald bemannt mit unbeholfenen Landratten und lustfahrenden Müßiggängern, nach allen Richtungen hin das Fahrwasser der eben beschriebenen Jolle kreuzten, derselben begegneten oder von ihr eingeholt wurden, schien der alte Bootsmann gar nicht zu bemerken. Er überließ es gleichsam dem Instinct seiner Hände, den Weg zwischen den vielen Hindernissen, ohne anzustoßen, hindurch zu steuern; denn seine Blicke waren beständig nach oben auf die Takelagen der doppelten und dreifachen Reihe von Kauffahrern gerichtet, die ihm die Aussicht auf die Stadt selbst verbargen.

Er sprach kein Wort, allein der Capitän eines jeden Fahrzeugs, an welchem er vorüberschoß, hätte aus seinem Mienenspiel das Urtheil über das herauszulesen vermocht, was er eben einer flüchtigen Prüfung unterworfen hatte, und zwar ein Urtheil, so richtig und treffend, daß es eine ganze Marinecommission nicht richtiger und treffender hätte fällen können.

Er mußte indessen mehr zu tadeln als zu loben finden, denn sein Mund kam aus dem verächtlichen Zucken kaum heraus, welches bald einem von Schmutz klebenden französischen Dreimaster, bald der schnatternden Bemannung eines Spaniers,

ober auch ber schief gestauten Ladung irgend eines andern
Schiffes galt. Wenn er aber an einem Engländer vorüber=
fuhr, dann zuckte seine mit Tabak ausgestopfte Wange krampf=
haft, und gleichzeitig sendete er einen braunen Strahl zwischen
seine Zähne hindurch nach demselben hin, als ob es des
armen Schiffes Schuld gewesen, daß es einer, den Amerikanern,
vielleicht auch vielen anderen Völkern, verhaßten Nation ange=
hört habe.

Gewahrte er dagegen irgendwo den lustigen Bratrost*), so
zwinkerten seine Augen vergnügt, und der Eindruck, den der
Anblick des geliebten Sternenbanners auf ihn ausübte, mußte
ein ziemlich nachhaltiger sein, denn er war dann in der näch=
sten Minute nicht abgeneigt, irgend einen ihm zugerufenen Gruß
durch ein leises Kopfnicken zu beantworten, vorausgesetzt, der
Gruß ging von richtigen Theers aus, und nicht von pabbeln=
den behandschuhten Landratten, die kaum einen Ostindienfahrer
von einem Heuschober zu unterscheiden vermochten, oder gar die
Breitseite eines Kriegsschiffes für ein neumodisches Musikinstru=
ment ansahen.

Während also der Bootsmann hierher und dorthin schaute,
schielte er auch zuweilen nach zwei Männern hin, die auf der
vordersten Bank seiner Jolle saßen und sich in eine eifrige Un=
terhaltung vertieft hatten. Was dieselben erörterten, blieb ihm
allerdings fremd, denn sie tauschten ihre Ansichten in einer
Sprache aus, von welcher er kein Sterbenswort verstand, doch
hielt ihn das nicht ab, mit der größten Aufmerksamkeit ihren
Stimmen zu lauschen, obgleich es den Anschein hatte, als seien
gerade sie die Letzten auf der ganzen Welt, um die er sich hätte
kümmern mögen.

Die beiden Männer, nur wenig jünger als der Boots=

---
*) Scherzhafte Bezeichnung für die rothgestreifte Flagge.

mann, waren einfach, jedoch vornehm gekleidet, und verriethen den Ausländer in ihrer äußern Erscheinung nicht weniger, als durch ihre Sprache. Ihre länglichen Gesichter, mit den scharf ausgeprägten Zügen und den hellen graublauen Augen, trugen eine gewisse Aehnlichkeit mit einander, doch lag dieselbe mehr in den hervortretenden Eigenthümlichkeiten der Nationalität, welcher sie angehörten, als daß sie aus einem verwandtschaftlichen Verhältniß entsprungen wäre.

Ihre Haare waren hellblond und schlicht, und wichen in der Farbe nur durch eine schwache Schattirung von einander ab. Die beiden Männer, bei einer oberflächlichen Bekanntschaft mit einander zu verwechseln, wäre aber trotzdem nicht möglich gewesen, indem einestheils ein zu bedeutender Größenunterschied zwischen ihnen herrschte, anderntheils, weil ihre Physiognomien durch den Ausdruck streng von einander geschieden waren.

Der größere, der von seinem Gefährten mit dem Namen Jansen angeredet wurde, hatte in seinem Gesicht etwas Finsteres und Verbissenes, und wenn er sprach, so lag im Ton seiner Stimme ein unverkennbarer Sarkasmus, der sich wohl heraushören, aber weniger leicht beschreiben läßt. Seine Augen waren unstät, erhaschte man aber einen Blick aus denselben, dann neigte man unwillkürlich zu der Annahme hin, daß dennoch freundliche, wohlwollende Gefühle hinter denselben schlummern dürften. Seine Neigungen waren aus seinem ernsten und überlegenden Wesen nicht zu errathen, wohl aber hinterließ er den Eindruck, daß er, was für Leidenschaften ihn auch immer beseelen mochten, denselben Alles, sogar sein Leben zum Opfer bringen würde.

Sein Gefährte, der einige Jahre mehr zählte, die Fünfzig also schon erreicht hatte, sah nicht minder finster aus, allein es hielt nicht schwer, zu entdecken, daß dieser Ausdruck erkünstelt war und als Maske diente; denn hinter dem ernsten nachdenkenden

Wesen lugte ganz verstohlen die Verschlagenheit und Geschmei=
digkeit eines Fuchses hervor, die keine Treue und keinen Glauben
kennt, und nur darnach trachtet, auf Kosten Anderer an das sich
selbst gesteckte Ziel zu gelangen. Seinen Gefährten schien er
an Verstand, oder vielmehr an List, weit zu überragen und
in seiner Handlungsweise, ohne daß dieser es ahnte, ganz nach
Gefallen wie ein Kind zu lenken und zu leiten. Er zeigte
überhaupt das Bild eines durchtriebenen Jesuiten, der genau
jedes der eigenen Worte abzumessen versteht, um die Wirkung
desselben unfehlbarer und nachhaltiger zu machen.

Die Umgebung, in welcher sich die beiden Männer befanden,
war ihnen entweder nicht mehr neu, oder sie verhandelten so
wichtige Gegenstände, daß sie darüber alles Uebrige vergaßen;
denn sie beachteten weder die imposanten Reihen der Kauffahrer,
noch das rege Treiben auf dem leicht gekräuselten Wasserspiegel,
der sich auf der entgegengesetzten Seite weithin ausdehnte, und
überrascht fuhren sie empor, als kurz vor der Landungsbrücke
der Bootsmann die Jolle in eine enge Gasse zwischen den Kauf=
fahrern hineinlenkte und gleich darauf die Matrosen, wegen
Mangels an Raum, die Riemen einzogen.

Das leichte Fahrzeug folgte noch eine Weile dem Druck der
eigenen Schwere, die Matrosen halfen mit den Händen an den
Wanten eines mauerähnlich aus dem Wasser emporragenden
Dreimasters nach, und einige Minuten später legte die Jolle
vor einer hölzernen Treppe an, die von dem aus mächtigen Bal=
ken gezimmerten Werft bis tief in das der Fluth und Ebbe un=
terworfene Wasser niederreichte.

„Ist dies die bezeichnete Landungsstelle?" fragte Jansen,
indem er gleich seinem Gefährten aufstand.

„Aie, Aie, Herr," antwortete der Bootsmann, sich ebenfalls
erhebend und über die Bänke hinweg dem Vordertheil der Jolle
zuschreitend.

Die beiden Passagiere sahen nach der Uhr, wechselten einige Worte mit einander, und wendeten sich dann mit unentschlossener Miene zu dem alten Seemanne, der nunmehr schon hinter ihnen stand und ihnen den Vortritt auf der Treppe lassen wollte. Dieser mochte ihr Zaudern für Zweifel an seinen Worten halten, denn nachdem er sich geräuspert und einen tiefen grunzenden Ton ausgestoßen, der fast wie „Gobbam" klang, versicherte er höchst lakonisch, daß dieses der Punkt sei, wo sie abgesetzt zu sein gewünscht hätten, und daß er ihnen sehr verbunden sei, wenn sie ihm sein Fahrwasser etwas klar machen, mit anderen Worten, ihn vorbeilassen wollten.

„Das ist es nicht, guter Freund," entgegnete Rynolds, der kleinere der beiden Fremden, mit einschmeichelnder Höflichkeit, „wir finden nur, daß es noch etwas früh am Tage ist, und wir wohl kaum jetzt schon den Freund, an welchen wir empfohlen sind, in seiner Behausung antreffen dürften. Wir möchten daher an einem beliebigen Ort ein Stündchen verweilen, wissen aber bei unserer Unkenntniß der Stadt nicht, wohin wir uns wenden sollen. Vielleicht könnt Ihr uns eine Stelle bezeichnen, und wenn es eine Schänke wäre, wo wir uns in irgend einem Winkelchen so lange unbeachtet aufhalten können. Wir sind bescheiden in unseren Ansprüchen."

Während Rynolds noch sprach, glitt kaum merklich ein Lächeln der Zufriedenheit über die vernarbten Züge des alten Seemannes. Das unvorhergesehene Ansinnen schien ihn zugleich zu überraschen und zu erfreuen, denn mit mehr, als ihm sonst geläufiger Höflichkeit theilte er den beiden Passagieren mit, daß gar nicht weit von der Landungsstelle, in einem Nebengäßchen eine vielbesuchte Matrosenschänke liege, in der aber auch ein besonderes Gemach für solche Gentlemen eingerichtet sei, welche, wenn den Tag über angestrengt auf den Werften beschäftigt, dort hin und wieder Erholung und Erfrischung suchten. „Mit einem Wort, Gentlemen," sagte der Bootsmann, indem er mit behaglicher Geberde seine umfangreichen Fäuste in die Tasche seiner Beinkleider zwängte, „ein Nothhafen, wie Ihr ihn nicht sicherer wünschen könnt, und Ankergrund, bei Gott! in der ganzen Bai von New=York kein besserer. Wenn es Euch also beliebt, so mögt Ihr nur stetig in meinem Fahrwasser folgen, und eh' der Sand dreimal aus dem Logglas läuft, sollt Ihr so sicher beigestaut sein, wie ein Anker im Binnenhafen."

Die Fremden stimmten bereitwillig zu, der Bootsmann stieg ihnen voran die Treppe hinauf, und unverzüglich traten sie ihren Weg nach der nächsten Straße an.

Kaum waren sie aber zehn Schritte weit von der Treppe entfernt, da bat der Bootsmann seine Begleiter, eine Minute zu verziehen, indem er vergessen habe, den Matrosen die nöthigen Befehle zu ertheilen. Seinem Wunsch wurde gewillfahrtet, und im nächsten Augenblick neigte er sich an der Treppe nieder, wobei er die Fremden aber nicht aus den Augen verlor.

„Ahoi, Jungens!" rasselte er, so leise es ihm nur möglich war; „haltet guten Ausguck!"

„Aie, Aie, Herr!" entgegneten die vier Stimmen wie aus einer Kehle.

„Ich soll hinter den beiden Hanfperrücken kreuzen, wittere Piraten; wißt also, wo ich bin, wenn ich ein paar Wachen versäume."

„Aie, Aie, Herr!" lautete die Antwort

„Macht Eure Sache gut, und eine Ration Grog soll nicht fehlen!"

„Alles recht, Herr!"

Der Bootsmann richtete sich empor, und in vier langen Schritten holte er die beiden Passagiere wieder ein.

Obgleich er nun glaubte, dieselben nicht aus den Augen verloren zu haben, so hatten sie doch Zeit gefunden, auch über ihn ihre Bemerkungen auszutauschen, die ihm allerdings, wenn er sie auch gehört hätte, unverständlich geblieben wären, die sie aber in seiner Gegenwart, aus geheimer Scheu vor dem grimmigen alten Seemanne, wohl kaum auszusprechen gewagt hätten.

„Ihr könnt mir glauben, der Kerl soll uns nachspüren," sagte Rynolds heimlich zu seinem Gefährten, sobald er sich unbeobachtet wähnte, „und nur um seine Wachsamkeit einzuschläfern, forderte ich ihn auf, uns in irgend eine Kneipe zu führen. Nach Einbruch der Dunkelheit kann es uns nicht schwer werden, von dort aus unbemerkt zu entkommen."

„Gewiß soll er uns nachspüren," antwortete Janjen, „denn vergebens hat der milchbärtige Lieutenant uns nicht gerade durch diesen alten Spitzbuben an's Land setzen lassen. Hole der Satan die ganze Nation!"

„Zu Euren Diensten, Gentlemen!" meldete sich der herantretende Bootsmann, und schweigend setzte sich die Gruppe nach dem Innern der Stadt zu in Bewegung. —

Nach wenigen Schritten befanden sich die drei Männer mitten in dem Gewühl von Menschen, Karren und Lastwagen, die auf der Werftstraße mit betäubendem Geräusch auf und ab wogten, und nachdem sie sich durch dasselbe hindurchgearbeitet, bogen sie in die nächste der Hauptstraßen ein, die fast in gerader Linie über die New-Yorker Halbinsel hinüberführen.

Vor dem linken Eckhause der Straße hielten die beiden Fremden an. Es war das Haus, in welchem die Kalifornia-Dampfschifffahrts-Gesellschaft ihr Hauptbureau gegründet hatte, und der alte Bootsmann bemerkte, daß die seiner Wachsamkeit anempfohlenen Passagiere aufmerksam die riesengroßen Anschlagezettel lasen, und die Tage, an welchen Dampfboote auslaufen sollten, sorgfältig in ihre Brieftaschen niederschrieben.

Nach kurzem Aufenthalt setzten sie ihre Wanderung wieder fort, und der Straße aufwärts folgend gelangten sie an eine enge Quergasse, die nur von Speichern, Waarenhäusern und den entsprechenden Comptoirs gebildet zu sein schien. Dieselbe war verhältnißmäßig wenig belebt; doch bekundeten die aus den festen eisenbeschlagenen Hausthüren tretenden Arbeiter, Buchhalter und Secretäre, so wie auch die heimwärts fahrenden leeren Wagen und Karren, daß man in diesem Theil der Stadt das Tagewerk für beendigt betrachte und Feierabend gemacht habe, daß aber hier gewiß nicht geringere Geschäfte getrieben wurden, als in irgend einer der Hauptstraßen.

Ohne Zögern bog der Bootsmann in die Quergasse ein, denn er entnahm aus dem Schall ihrer Tritte, daß die beiden Fremden ihm dicht auf dem Fuße nachfolgten, und ohne sich umzuschauen, schritt er eine kurze Strecke weit auf der linken Seite dicht unter den düster aussehenden Waarenhäusern hin.

Plötzlich blieb er vor der weitgeöffneten Thür eines kleineren Hauses stehen, und sich zu seinen Begleitern wendend, deutete er mit der Hand auf einen wenig geräumigen, dunkeln, jedoch durch zwei Gasflammen erleuchteten Flur. Das Ende des Flurs verlor sich in einer unbestimmten Dämmerung, während die Mitte desselben noch bedeutend mehr erhellt wurde durch das Licht, welches durch zwei einander gegenüberliegende Thüren auf den Gang fiel. Mit dem Licht drang aber auch ein starker Tabaks- und Branntweinsgeruch in's Freie, und das verworrene laute Geräusch, welches wenigstens aus dem einen geöffneten Gemach hervorschallte, bewies, daß es eben nicht der verfeinertste Theil der menschlichen Gesellschaft sei, der sich hier zum wilden Gelage zusammengefunden hatte.

Es war eben eine jener bekannten Matrosenschänken, in welchen die abbezahlten Seeleute innerhalb sehr kurzer Frist ihren sauer erworbenen Lohn vergeuden, wohin sich aber auch, wenn ihnen noch einige Hände an der Bemannung fehlen, die Capitäne begeben, um unter den „trocken gelegten" Matrosen

Leute anzuwerben, oder sie auch, wenn sie schon verschuldet sind, für ihre Dienste loszulaufen und ihnen dann später das ausgelegte Geld zu berechnen. Zu diesem Zweck befand sich denn auch auf der einen Seite des Ganges eine geräumige Halle nebst Schänke und Restauration für die Matrosen, während auf der andern Seite ein kleines Gemach für die Gentlemen, wie der Bootsmann sie nannte, eingerichtet war, die etwa kamen, um auf feiernde Hände Jagd zu machen.

„Hier sind wir," sagte der Bootsmann, einen Schritt zurücktretend, um seinen Begleitern den Vortritt zu gestatten; „riecht für 'ne städtische Nase wohl etwas zu sehr nach Salzwasser, aber im Sturm ist jeder Hafen willkommen. Haltet nur auf jene Thür nach Steuerbord zu; werdet dort jede Bequemlichkeit finden, und außerdem so wenig Gesellschaft, wie an Wochentagen in einer Kirche. Ist jetzt nicht die rechte Zeit zum Pressen, so kurz vor Einbruch der Nacht; besser des Morgens in der Frühe, wenn der Teufel den letzten Cent geholt hat und die Burschen todt vor Top und Takel treiben."

Jansen und Rynolds folgten der angedeuteten Richtung und begaben sich in das bezeichnete Gemach, wo sie sogleich von einem Kellner in Hembärmeln und einem Matrosenhut auf dem Kopfe nach ihren Wünschen befragt wurden. Ihr bärbeißiger Mentor dagegen trat auf die Schwelle der gegenüberliegenden Thür und ließ von dort aus, um sich vorläufig in der mit Tabaksrauch angefüllten Halle zu orientiren, seine Blicke prüfend über das tolle Getriebe hingleiten.

„Halloh! Jim Rast! alte Vogelscheuche! welcher Wind hat Dich bis hierher verschlagen?" rief plötzlich eine Stimme, die mehr dem Knarren einer durstigen Ankerwinde, als irgend einem anderen Tone glich, und es humpelte hinter dem Schänktisch der Kellner und Eigenthümer des Locals, ein alter stelzfüßiger Seemann hervor und gerade auf den Bootsmann zu, dem er sodann mit großer Herzlichkeit die Hand schüttelte.

Jim Rast's Gesicht verzog sich zu einem so grimmigen Lächeln, daß eben nur ein genauer Bekannter von ihm im Stande war, aus demselben herauszulesen, daß er wirklich Wohlgefallen an dem Ehrentitel empfand, mit welchem ihn der Stelzfuß angeredet hatte; doch was seine vernarbten Züge nicht ausdrückten, das lag doppelt in der Art und Weise, in welcher er die Hände seines Freundes ergriff und zusammenpreßte.

„Gobbam!" rief er aus, und der dicke Tabaksknoten wanderte geschäftig von der rechten nach der linken Wange hinüber; „kann's doch nur eine gute Bö sein, die mich hergeweht hat; wundere mich nur, Dich alten Haifisch noch immer flott zu finden; sehr originell, daß so'n gebrechliches Wrack nicht schon längst kanterte."

„Wrack? kantern? so lange Kiel und Spanten noch gesund sind?" fragte der Wirth lachend zurück; „bei Gott, halte die See noch besser, als Mancher, der nicht, wie ich, mit einer Nothstenge fahren muß!"

Bei diesen Worten stampfte er mit seinem Stelzfuß auf den Boden, als habe er ein Loch durch denselben bohren wollen. Gleich darauf wendete er sich aber an die übrige Gesellschaft, deren Aufmerksamkeit durch die geräuschvolle Begrüßung der beiden alten Seeleute auf diese hingelenkt worden war.

„Ahoi, Jungens!" rief er aus, und wiederum schmetterte sein Stelzfuß auf die dröhnenden Bretter. „Ich sehe Euch Alle gern in meiner Cambüse, aber Keinen lieber als meinen alten Maat hier, den Hochbootsmann von der Vereinigte Staaten-Corvette Leopard, den Master Jim Rast. Wo er also auch immer beizulegen wünscht, da werdet Ihr !den Platz klar machen, oder Ihr sollt Alle kieloberst zur Hölle fahren!"

Die Matrosen, größtentheils junge, lebenslustige Burschen

nahmen die Rede mit einem donnernden Hurrah entgegen, und sei es nun, daß sie sich den Wirth zum Freunde zu halten wünschten, oder daß sie eine gewisse Achtung vor der würdigen Erscheinung Jim Raft's empfanden, genug, es war kein einziger in der Halle, der dem Eintretenden nicht seinen Platz und zugleich freie Zeche für den Abend angeboten hätte.

„Eine Breitseite Grog für alle Hände und doppelte Ladung obend'rein!" commandirte der Bootsmann, der sich über die Ehre, die man ihm erwies, offenbar geschmeichelt fühlte. Dann aber nach dem Tisch hinschreitend, welcher der Thür gerade gegenüberstand, setzte er sich auf eine der ihm eingeräumten Matrosenkisten, welche die Stellen der Bänke und Stühle vertraten, so hin, daß er durch die beiden offenstehenden Thüren in das Gemach zu blicken vermochte, in welches sich Jansen und Rynolds zurückgezogen hatten, diese also nicht unbemerkt entschlüpfen konnten.

Ein neues donnerndes Hurrah hatte die Freigebigkeit des Bootmanns belohnt, ein dampfendes Glas Whiskypunsch, ein Bündel langer Thonpfeifen und ein Behälter mit feingeschnittenem holländischem Tabak waren vor ihn selbst hingestellt worden; die aufgestörte Gesellschaft ordnete sich wieder in neue Gruppen zusammen, einige ältere Seeleute setzten sich zu Jim Raft an den Tisch, und sogar der lustige Wirth hatte seinen Platz hinter dem Schänktisch einem Gehülfen übertragen, um mit seinem Busenfreunde ungestört ein Stündchen bei vollen Gläsern zu verplaudern.

Die lebhafte Unterhaltung, welche bei Raft's Eintritt in der Halle geführt worden war, wollte indessen gar nicht wieder in den Gang kommen; es hatte den Anschein, als wenn Alle erwarteten, daß der noch seefeuchte Bootsmann das Wort ergreifen und mit der Erzählung seiner jüngsten Erlebnisse vortreten würde.

Dieser verharrte indessen längere Zeit schweigend und blinzelte nur zuweilen nach dem Gemach der Gentlemen hinüber, bis ihn endlich ein neben ihm sitzender Lotse durch eine hingeworfene Bemerkung, zum größten Ergötzen aller Anwesenden, zum Sprechen zwang.

„Es ist mir ganz neu," sagte derselbe in geringschätzigem Tone, halb zu Jim Rast, halb zu den Stelzfuß gewendet,, „in der That, ganz neu, daß Kriegsschiffe der Vereinigten Staaten auch zum Transport von Emigranten verwendet werden."

„Sehr originell, und auch mir ganz neu," antwortete Rast, aber das Blauwerden seiner Narbe verrieth, daß er sehr wohl fühlte, gegen wen der Angriff eigentlich gerichtet sei.

„Ich habe den Leoparden einlaufen sehen," fuhr der Lotse in derselben Weise fort, „und Ihr mögt mich blind nennen wie eine gemalte Stückpforte, wenn ich über seinen Schanzen nicht einige Köpfe mehr bemerkte, als er mit in See genommen hatte, und zwar Köpfe, zu denen eine Theerkappe gepaßt haben würde, wie ein Feuereimer auf dem kahlen Schädel eines katholischen Heiligen."

„Ich bestreite nicht, daß der Leopard beim Einlaufen einige Dutzend Köpfe mehr zählte, als beim Auslaufen," antwortete Rast, und der Barometer in seinem Gesicht deutete wieder auf ruhiges Wetter, denn er mochte wohl zu der Ueberzeugung gelangt sein, daß eine aus Neugier hingeworfene Frage schließlich nicht immer eine Beleidigung enthalte. „Ja, einige Dutzend Köpfe mehr," wiederholte er sinnend, nachdem er einen tiefen Zug aus seinem Glase gethan und eine der langen Thonpfeifen gefüllt und in Brand gesetzt hatte; „aber an den Beinen will ich mich aufhissen lassen, und zwar an der Raae des ersten besten, schmutzigen, kauderwelschen Franzosen, wenn zu den meisten dieser Köpfe eine Theerkappe nicht eben so gut paßt, wie zu einem Lotsenschädel!"

4*

Der Lotse zog einen schiefen Mund, kniff ungläubig sein rechtes Auge zu und schleuderte kurz hinter einander, wie eine Fumarole, ein halbes Dutzend dichter blauer Dampfwolken mit Heftigkeit von sich.

Rast bemerkte die Zeichen und deutete sie ganz richtig. Er antwortete aber nicht sogleich, sondern ließ, um die Neugier seiner Zuhörer noch mehr auf die Folter zu spannen, ein eigenthümlich grimmiges Lächeln des Selbstbewußtseins um seine Lippen spielen.

Nach einer Pause nahm er die Pfeife aus dem Munde und wies mit der Spitze derselben nach dem „Gemach der Gentlemen" hinüber. „Dort sitzen ein paar Passagiere des Leoparden," hob er endlich an, und indem er sich etwas über den Tisch lehnte, benutzte er den Augenblick, in welchem die Aufmerksamkeit Aller sich der angedeuteten Richtung zuwendete, seinem Freunde Stelzfuß in's Ohr zu flüstern: „Verdammte Landpiraten! ich muß signalisirt werden, wenn sie Anker lichten!"

Der Stelzfuß nickte zustimmend und entfernte sich auf einige Minuten aus der Halle, und bald darauf hingen die Blicke aller Anwesenden wieder an dem Munde des Bootsmannes, von dem man nunmehr einer weiteren Erklärung seiner geheimnißvollen Worte entgegensah.

„Ja, richtige Passagiere des Leoparden. Könnten Euch ein Garn spinnen, wie sie an Bord des Leoparden gekommen, ein Garn, länger als eine Lothlinie; ja, das ist originell."

Wiederum griff er nach seinem Glase, und indem er dasselbe langsam an die Lippen führte, weidete er sich an der Spannung seiner Zuhörer, die allmälig näher zu ihm herangerückt waren und ihn in dichten Gruppen umgaben.

Endlich, nachdem er sich noch einmal heftig geräuspert und eine neue Pfeife angezündet hatte, begann er:

„Kommt der Leopard aus den westindischen Gewässern, wo

er so lange gekreuzt, um auf den Neufundlandbänken einen kurzen Ausguck zu halten. Eine steife Bö aus West, Südwest bei West; Cours: Nordnordwest bei Nord; halbe Dampfkraft; dichtgereeftes Großmarssegel, Großsegel, Fock, Vorstengestagsegel und Besahnstagsegel. Alle übrige Leinwand eingeholt und zierlich zusammengefaltet, wie'n Sonntagnachmittags-Hemde, oder das Taschentuch einer Brautjungfer. Ganz originell! — Weht also, daß die Haare vom Kopfe fliegen, und dazu macht der Himmel ein Gesicht, wie'n Midshipman vor einem versalzenen Reispudding; und haben die Seen weiße Perrücken, daß der gepuderte Leibkutscher der Königin von England sie darum hätte beneiden mögen."

„Denke, Ihr müßt schon solchen Leibkutscher gesehen haben?" unterbrach der Lotse den redseligen Bootsmann.

„Gobbam, mehr wie einen!" antwortete Rast, indem er zwei Dampfwolken, eine durch die Nase und die andere zwischen den Lippen durchblies. „Sah sie eigenhändig in London auf einem Wagen, der so blank war, als sei er eben erst frisch getheert worden, das ist originell. Saß einer vorn auf dem Gallion und hielt die Gäule, die davonlaufen wollten, und standen zwei hinten am Stern auf 'ner schmalen Laufplanken und führten das Steuer. Ja, ein Fahrzeug, wie 'ne Nußschale, und doch zwei Mann am Ruderhelm; mußte dem Steuer schlecht folgen und schlingerte dabei wie 'ne Hängematte. Hätte nicht d'rin sitzen mögen; bei Gott! wurde beim Anblick schon seekrank."

Hier pausirte Rast, um die Asche in seiner Pfeife niederzudrücken, und nachdem er sodann einen gewichtigen Blick auf seine Umgebung geworfen, fuhr er wieder fort:

„Ja, 's ist originell; Perrücken hatten die Seen aufgesetzt, so kraus und weiß, daß der Leibkutscher der Königin von England sie darum beneidet hätte, wenn sie nach London gekommen

wären, um sie ihm zu zeigen. Und nahm die Bö die Perrücken und machte Regen b'raus. Verdammt! Tropfen, so fein und scharf wie 'ne Patent=Segelnadel. Sage Euch, Jungens, hielt der Leopard die See, als hätte er sich auf einem Tanzplatz be= funden, und stampfte so leicht und zierlich, wie'n vierzehnjähri= ges Mädchen, das hoch aufgeschürzt auf den Zehenspitzen über eine naßgeregnete Straße hüpft. Das ist originell! Und klatsch= ten die Seen vergeblich gegen die Schanzverkleidung, um auf Deck zu gelangen; machte der Leopard einen Diener, und oben saß er auf der nächsten See, daß die Perrücken sich in seinem Kupfer spiegelten und sich vor Schreck schäumend überschlugen. Ja, 's war 'ne Freude, solch 'ne Bö und solch 'n Fahrzeug! —
„Hatte die letzte Morgenwache und hatte mich am Gang= spill festgestaut. War schon heller Tag, kommt aber eine Squall nach der andern herangesaust und macht es so dunkel, daß man einen Geitaublock mit einem Zwieback hätte verwechseln können. — Blicke hinauf zum Topmast: Alles in Ordnung; blicke auf's Vorderschiff: Alles in Ordnung. Schlägt die Wache acht Glasen; höre die Ablösung sich klar machen, schreit der Mann am Gallion: Schiff in Sicht luvbord! Schiff in Sicht luvbord! schrei ich; Schiff in Sicht luvbord! antwortet Weatherton, der erste Lieutenant, der mit mir zugleich die Wache hatte."

„Der kleine Dick?" unterbrach der Stelzfuß mit lauter Stimme den Erzähler, indem er vor Ueberraschung emporsprang und seine Faust dröhnend auf den Tisch fallen ließ.

„Ja, der kleine Dick Weatherton," entgegnete Rast, sich stolz in die Brust werfend. „Der kleine Dick Weatherton, der Sohn des großen Dick Weatherton, mit dem wir Beide als Schiffs= jungen manche Wache zusammen bezogen haben. Armer Ca= pitän Weatherthon; er ist schon lange hinüber, während wir Beide noch immer segelrecht oben schwimmen. Hm, nicht ein= mal ein ehrliches Seemannsgrab hat er gefunden; ist gestorben wie jeder andere gemeine Mensch: auf seinem Gute zwischen seinen vier Wänden. Haben ihn in den Sand gepackt, um ihn von den Würmern fressen zu lassen, und statt einer Ehrensalve aus einigen Dutzend Zwölfpfündern haben sie an seinem Grabe gesungen und geheult. Sah ihn noch einige Tage vor seinem Ende, giebt mir die Hand, der alte Weatherton und sagt: „Jim ich denke, mein Kreuzen ist zu Ende, werde wohl nicht mehr die gescheuerten Planken betreten." Heul' ich wie 'n kleines Kind und fluche über den Doctor. Lacht er und sagt: „Jim, fluchen ist eine verdammt schlechte Angewohnheit, hinterlasse einen Jungen, möchte nicht gerne, daß er zu viel fluchte. Er soll aber Seemann werden, auf demselben Schiff, auf dem Du dienst, und Du sollst über ihn wachen, Jim, Du verstehst mich, was ich meine." „Aie, Aie, Herr!" mehr konnte ich nicht sagen, war's mir als hätte mir Jemand eine frische Zwiebel in die Augen gedrückt; ja, und das waren die letzten Worte, die ich mit dem alten Weatherton wechselte, und das ist originell."

In dem Maße Rast sich immer mehr in die Erinnerung an seinen geliebten Herrn und Commandanten versenkte, war seine Stimme leiser und knurrender geworden, während die innere Aufregung seine Narbe fast kornblumenblau färbte. Als er aber geendigt, da nahm er vor tiefer Rührung die Pfeife aus dem Munde, und sich etwas zur Seite wendend, fuhr er mit dem Rücken der geballten Faust über seine Augen.

Obschon der alte Seemann seine wahren Gefühle zu verbergen trachtete, so waren dieselben doch Keinem in der Gesellschaft entgangen, und Alle theilten mehr oder minder die Rührung, welche den Erzähler beinahe übermannt hätte.

Mehrere Minuten herrschte lautlose Stille in der Halle. Da erhob sich plötzlich der Stelzfuß, und nach dem Schänktische hinschreitend, gab er Befehl, die ganze Gesellschaft, zu Ehren des

Capitäns Weatherton, mit einer neuen Ladung Grog zu versehen.

Als er dann wieder vor Jim Rast Platz genommen, der noch immer in sich gekehrt dasaß, schlug er denselben auf die Schulter.

„Jim!" rief er aus, „Du hast von dem alten Weatherton erzählt, nun erzähle aber auch, was aus dem kleinen Dickie geworden ist."

„Der kleine Dickie?" fragte Rast, und indem er mit der geballten Faust auf den Tisch schlug, daß alle Gläser klirrten, wich die letzte Spur von Rührung aus seinen eisenharten Zügen, und die Narbe nahm wieder ihre gewöhnliche Farbe an. „Der kleine Dickie? Der macht mir und seinem Vater alle Ehre. Ist jetzt Lieutenant Weatherton, und handhabt ein Schiff, als wenn seine Mutter 'ne leibhaftige Seejungfrau gewesen wäre. Ha, ha, ha! seine Mutter ist eine feine Lady, kann mir heute aber noch nicht vergessen, daß ich ihrem Dickie so viele und schöne Garne abgesponnen habe, und dieser die Zeit nicht abwarten konnte, bis er den Fuß auf ein Verdeck gesetzt haben würde. Verdammt! möchte wissen, was aus dem armen Jungen geworden wäre, hätte ich ihm nicht berechnet, daß aus ihm nie etwas Anderes, als ein Commodore werden dürfe. Ja, das ist originell! Der Junge hörte mehr auf mich, als auf seine Mutter und alle seine Lehrer. Wäre sonst auch nichts Anderes geworden, als ein spitzbübischer Advocat, oder ein Pflasterschmierer, oder ein Professor oder was es sonst noch für Landrattengesindel auf der Welt geben mag. Jetzt aber ist er Zweiter im Commando auf dem Leopard, und erst fünfundzwanzig Jahre alt. Ja, ein stattlicher Junge und ein Lieutenant zur See Nr. 1. A. —

„Also: Lieutenant Weatherton antwortet: Schiff in Sicht luvbord!" fuhr Rast in seiner unterbrochenen Erzählung fort, indem er seine eigenen letzten Worte wiederholte; denn pünktlich, wie er in Allem war, was seinen Dienst und das Seewesen

betraf, vergaß er auch nie die Stelle, an welcher er beim Ab=
spinnen eines Garnes stehen geblieben. „Ich selbst in drei
Sprüngen die Leiter hinauf, und bei ‚Gott! durch den Regen
hindurch, kaum eine Kanonenschußweite vom Leopard entfernt, er=
blicke ich, treibend vor Top und Takel, ein Briggschiff. Reibe
mir das Salzwasser aus den Augen, sehe aber immer dasselbe,
nämlich das Fahrzeug, nur Stumpfen von Masten, und zwischen
diesen flatternd, wie auf einer Waschleine, das Nothsignal. Hatte
die Bö es kahl rasirt, und See auf See stürzte ein auf das
Wrack, als wenn dessen Verdeck der Musterungsplatz für alles
Wasser der Christenheit gewesen wäre.

„Denke bei mir: Der ist hart auf, und steige niederwärts,
um zu rapportiren. Hatten aber schon Alles gesehen vom Quarter=
deck aus, und hinauf fuhr der alte Bratrost am Topmast mit
der Geschwindigkeit von sechzig Knoten die Stunde.

„Kam gerade zur rechten Zeit, um alle Hand an Deck zu
pfeifen. Hättet aber Dickie Weatherton sehen sollen; stand da
wie der leibhaftige Neptun in Uniform. Seine Blicke fliegen
über die Takelage, 's ist originell! und das Sprachrohr sitzt an
seinem Munde, als wäre er mit demselben zur Welt gekommen.
Die Bö singt aus tausend Kehlen nach tausendfältigen Noten,
aber lauter noch hallt Dickie's Stimme: „Alle Hand zum Wen=
den über Stag! — Helm in Luv! — Los Halsen und Schoten!
— Hol' das Großsegel! — Laß gehen und hol' an!" — God=
dam! wie die Jungens fliegen! Der Leopard taucht sein Gal=
lion tief in's Wasser, aber nur eine einzige See rollt über sein
Deck, dann richtet er sich auf, wie n'e Prinzessin, die an eine
Blume gerochen; sein Kielholz zittert, die Masten neigen sich, mit
hellerem Ton pfeift die Bö durch das zum Zerspringen ange=
spannte Tauwerk, aber auch nicht ein Stückchen Schiemannsgarn
springt, und dahin schießt er nach Backbord auf das Wrack los,
wie 'ne Möve auf den Küchenabfall.

„Haben unterdessen den Kutter für alle Fälle klar gemacht und, indem der Leopard im Bogen um das Wrack herumsegt, Segel nach Segel eingeholt und nur den Klüver beigesetzt. Kommen nahe genug, um durch's Sprachrohr zu braien; sehen alle Mann an den Pumpen, hören ihr Rufen und sehen, wie Einzelne ihre Arme dem Leoparden entgegenrecken, als sei er ihre ungetreue Geliebte gewesen. Das ist originell! —

„Der Leopard legt hart bei den Wind, daß die Seen ihm beim Stampfen fast jedesmal die Augen auswaschen. Er gehorchte aber dem Steuer, und schnell ist die Hölle unter den Dampfkesseln verdoppelt. Nicht nach Backbord oder Steuerbord weicht er aus seinem Cours, und dennoch verändert er nicht seine Stellung zu dem Wrack. —

„War ein Schwede, die Brigg; hatte gute Theerjacken an Bord, denn der Leopard brauchte seinen Böten die Füße nicht einmal naß zu machen; denn kaum lag der Leopard still, da glitt auch die Barkasse der Brigg abseits der Brecher in die See. War eine Freude, die Jungens zu beobachten; im Nu war die Barkasse bemannt, und einzeln, wie die Proviantkisten in den Schiffsraum, wurden die Passagiere von dem letzten Raastumpfen zu ihr niedergelassen. 'S waren deren nicht viel, aber Schürzen waren dabei, verdammt! Weiber, doch sie hielten sich besser, als manche Männer, die eine aus Muth, die andere aus Verzweiflung. Höre deutlich: „Alle an Bord?! Alle an Bord! Kappt!!" Eine Axt beschreibt einen Kreis durch die Luft, und dahin geht die Barkasse auf dem Kamm einer See mit rasender Geschwindigkeit auf den Leoparden zu.

„Der Leopard aber hatte seine Hauptraaen und Schanzen bemannt; überall standen die Burschen mit Laufschlingen und Tauen, fertig, dieselben im entscheidenden Augenblick zu werfen, und das war originell."

Hier schwieg Rast, der sich allmälig in Feuer geredet hatte, und hob mit grimmigem Ausdruck, offenbar um Luft zu schöpfen, zugleich aber auch, um seine Zuhörer noch etwas länger auf die Folter zu spannen, das volle Glas an seine Lippen. Nach einem tüchtigen Trunk, und nachdem er die im Eifer seines Vortrags vernachlässigte Pfeife wieder angezündet, fuhr er fort: „Stand ich selbst oben auf der Schanze, die linke Hand an der Vormastleiter, in der rechten eine Harpune mit doppelten Leinen. Waren Alle still, wie beim Gebet in der Kirche; auf der Barkasse wie auf dem Leoparden; 's galt auf's sichere Deck, oder als Futter für Haifische auf den Meeresgrund. Schießt die Barkasse heran auf dem Kamm einer See, hält guten Cours, ohne Gefahr für den Leoparden. —

„Die See der Barkasse hebt den Bug des Leoparden, als wäre er nur eine Signaltonne gewesen. Alle Mann fertig! laßt gehn! Der Leopard steckt die Nase tief in's Wasser und Hurrah! ein paar Dutzend Taue liegen quer über der Barkasse. Die Harpune war über den Hintertheil der Nußschale geflogen, die Leinen von dem Mann am Steuer mit einem Schottstich an der Ruderbank befestigt worden, ich selbst stand mit dem andern Ende am Gangspill, um bei der nächsten See, durch Ausgeben die Leinen vor dem Springen zu bewahren, und fest saß die Barkasse, wie ein wüthender Pottfisch, der aus seinem Mittagsschlaf geweckt wurde. Waren aber die anderen Hände nicht faul gewesen, hatten überall ihre Schuldigkeit gethan, auf der Barkasse und an Bord des Leoparden. Hatten jedem Passagier eine Schlinge unter den Armen durchgelegt und hielt jeder Matrose des Wracks eine Leine oder zwei um seinen Arm geschlungen. Alles schnell, wie 'n Glockenschlag; denn die See war noch nicht unter der Barkasse fortgerollt, da saß schon Alles fest; das ist originell! — Kommt aber 'ne neue See; ruft Dickie: „Im Raft, paß auf!" Rufe ich; „Aie, Aie, Herr!" Drängt die See die Barkasse auf das Achterschiff des Leoparden zu; mußte ein Loch in seine Rippen schlagen und selbst zersplittern, wie 'n chinesischer Porzellanteller. Merke es wohl und lasse etwas Leine schießen, nähert sich die Barkasse bis auf fünf Schritte dem Leoparden, — heiß — an! Hurrah! die Passagiere, sie mögen wollen oder nicht, fliegen an den Tauen und Leinen die Schiffswand hinauf, werden mit etwas geschundenen Spieren über die Schanzbekleidung geholt, und eh' noch die Barkasse dem Leopard den Kuß einer widerspänstigen Jungfrau verabreicht, habe ich die Leine gekappt. Verdammt! Hättet die Barkasse sehen sollen, wollte zuerst nicht fort, kam aber gerade zur rechten Zeit eine andere See, hob sie hoch empor, warf sie in 'nen Trichter und nicht 'ne Ruderpinne von ihr habe ich wiedergesehen. —.

„Hurrah! brüllen die Matrosen, Hurrah! antworten sechs dünne Stimmen von dem Wrack. Ja, war'n noch der Capitän, ein Steuermann, zwei Matrosen und zwei Passagiere," hier deutete Rast mit der Spitze seiner Pfeife nach dem andern Gemach hinüber, „auf dem Wrack zurückgeblieben. Hatten keinen Platz mehr in der Barkasse gefunden, und wollten auch wohl noch die Schiffspapiere und ihr Geld retten. War eine schwedische Brigg, eigentlich kein Passagierschiff, hatte aber einige Kajütpassagiere mitgenommen. Arbeitet der Leopard also prächtig; hält sich genau in Kabellänge von dem Wrack, welches, nach dem Stillstehen der Pumpen, schnell tiefer und tiefer sinkt und, sich auf die Seite legend, von einer See nach der andern überschüttet wird. Bei Gott! keine schöne Lage, in welcher sich die Zurückgebliebenen befanden. Hatten aber den Kopf nicht verloren, mußten schon manchen Südwester kennen gelernt haben. „Alle Mann zum Heißen der Heckjolle!" brait der Capitän der Brigg durch's Sprachrohr. Versteh' sogleich seine Absicht und denke: ist kein Junge von gestern; laufe aber nach dem Achterschiff, um Blöcke und Taue von den Bootsdavids klaren zu helfen. Alles fertig im Zwinkern eines Auges. Die Blöcke mit den Haken und den durchlaufenden Tauen werden an der Außenseite des Sch'ffs herumgezogen, Wurfleinen an denselben befestigt, und wiederum stehen ein Dutzend braver Burschen auf den Schanzen, die zusammengerollten Leinen in der Hand —

„Gut Glück, Euch Allen, und 'nen warmen Hafen auf Eure alten Tage!" unterbrach Rast sich selbst, das Glas emporhebend und es dann auf einen Zug leerend.

Seine Zuhörer thaten ihm aus vollem Herzen Bescheid, sanken aber sogleich wieder in ihre Ruhe zurück, um dem alten eigenwilligen Seehunde nicht die Lust am Erzählen zu verderben.

Dieser blieb indessen so lange schweigend sitzen, bis der Stelzfuß sein Glas wieder gefüllt hatte, und nachdem er sodann den dampfenden Trank eine Weile prüfend gegen das Licht gehalten, in der That aber nur durch die beiden offen stehenden Thüren geschielt, nahm er den Faden seiner Erzählung wieder auf:

„Den Leuten auf dem Wrack war es unterdessen gelungen, ihre Heckjolle hart an den Rand der theilweise niedergebrochenen Schanzverkleidung zu bringen, wo sie sich beim Senken der See'n keine zwei Fuß über dem Wasser befanden. Hatten nicht viel Zeit zu verlieren, oder die über dem Wrack brandenden Seen hätten mit ihrem Sprühwasser die Jolle gefüllt, noch eh' sie flott geworden. Dauerte auch nicht lange; saßen Alle in der Jolle b'rin und arbeiteten mit Handspeichen und Aexten an dem Rest der Schanzverkleidung; hörte auf dem Leopard, wie das Holz splitterte. Da, als eine See das Wrack hob und wie 'nen Wurfanker in den Kessel hinabschleuderte, ein lautes Krachen, und dahin flog die Heckjolle auf den Kamm der nächsten See, als hätte sie gleich zum Himmel fahren wollen. —

„Alles wieder still, bei Gott! nichts zu hören, als das Bißchen Wasserplätschern, und das Pfeifen der Bö zwischen dem Takelwerk.

„Heran kommt die See, heran kommt die Jolle; der Leopard wühlt sich in's Wasser hinein, wie eine Gluckhenne in ihr Nest. Alles fertig! Los die Leinen! Hurrah für die lustigen Sterne und Streifen! Die Leinen haben gefaßt, zwölf Arme ziehen die Blöcke nach sich, und eh' die See unter dem Steuer des Leoparden fortrollt, sitzen die Haken in den Ringen der Jolle. Das ist originell! Heiß an! Drei Dutzend gesunde Theerjacken laufen mit den straffen Tauen nach vorne; der Leopard nestelt sich tiefer in das Federbett des Schaumkessels, und als die nächste See ihn wieder hebt, hängt an seinem Spiegel, wohl befestigt an den Bootdavids, die Jolle mit Sack und Pack, und naß, wie die Wasserratten, klettern die Letzten von der Brigg an Bord.

„Bei Gott, ein knappes Entkommen!" sagte der fremde Capitän, dem Commandanten des Leoparden, Dickie und den Zunächststehenden die Hand schüttelnd. Sprach schlechtes Englisch obendrein, ich sah aber Wasser in seinen Fenstern, als er nach seinem Schiff hinüberschielte. Armes Ding! war die höchste Zeit gewesen; kamen hinter einander drei See'n, kanterten das Wrack kieloberst; ein Knall, als wenn mit zehn Achtundvierzigpfündern zugleich gefeuert worden wäre, die zusammengepreßte Luft strömte zwischen den zersprengten Planken hinaus, das Bugspriet hob sich noch einmal steil aus dem kochenden Kessel, und — gute Nacht, Brigg, auf Nimmerwiedersehen, und auf diese Weise sind Passagiere an Bord eines Vereinigte Staaten-Kriegsschiffs gelangt," schloß der Bootsmann mit gehobener Stimme seinen Vortrag, indem er einen vielsagenden Blick auf den Lotsen warf.

Dieser hielt den Blick ruhig aus, nahm sodann sein Glas, stieß mit demselben an das Rast's, und es dann emporhebend, rief er aus:

„Auf das Wohl des Leoparden und seiner Bemannung!"

„Auf das Wohl des Leoparden und seiner Bemannung!" antwortete im Chor die ganze Gesellschaft. Die Gläser klirrten, und während Alle in tiefen Zügen tranken, lüftete Jim Rast dankend seinen Hut, worauf er, um seinem Danke mehr Nachdruck zu geben, sein Glas bis auf den letzten Tropfen leer trank.

„Also auch Schürzen befanden sich unter den Schiffbrüchigen?" fragte der Stelzfuß, sobald wieder einige Ruhe eingetreten war.

„Gerettet wurden der Capitän und seine Mannschaft, nebst allen Schiffspapieren," schnarrte Rast im Geschäftston, indem er an den Fingern zu zählen begann; „ferner die Passagiere, zehn an der Zahl, nebst ihrem werthvollsten Eigenthum. Hatten die Jolle fast bis an den Rand vollgestaut. Dann aber, jedoch schon mit in die zehn eingerechnet, zwei Schürzen. Die eine, ein altes Leuchtschiff, dürr wie eine Logleine, die seit Jahren keinen Theer gesehen; die andere? Gobbam! schmuck und schlank wie'n Zweidecker, der eben vom Stapel gelaufen und Ballast zur ersten Fahrt eingenommen hat. Bei Gott! aufgetakelt wie'n Admiralschiff! Spieren? originell! kurz, ein schmuckes, seetüchtiges Fahrzeug vom Kiel bis zum Flaggenknopf auf dem Toppmast!"

In diesem Augenblick erschien der Aufwärter aus dem andern Gemach in der Halle, und zu dem Stelzfuß herantretend, flüsterte er diesem einige Worte zu, wobei er mit dem Daumen seiner linken Hand über die Schulter nach rückwärts deutete.

Jim Rast beobachtete während dieser Zeit die Physiognomie seines Freundes, und als dieser mit bezeichnender Miene das eine Auge zukniff, stand er auf und trat schnell hinter dem Tisch hervor, so daß die auf den Flur tretenden beiden Passagiere ihn nicht sehen konnten.

Immer nach der Thür hinhorchend, näherte er sich dem Schänktisch, und mit gleichgültiger Geberde ein Goldstück hinwerfend, forderte er den Stelzfuß auf, sich für alles während seiner Anwesenheit Getrunkene bezahlt zu machen und den Rest in die Kasse für arme Seeleute und deren Familien zu thun. Schallender Jubel, Hurrahrufen, Klirren von Gläsern, die im Uebermuth gegen die Wand geschleudert wurden, und gellendes Gejauchze erschütterten die Halle als Anerkennung für die große Freigebigkeit, und gerade diesen absichtlich hervorgerufenen tollen Lärm benutzten Jansen und Rynolds, um, nach ihrer Meinung unbemerkt, in's Freie zu schlüpfen.

Sie befanden sich indessen noch keine dreißig Schritte weit von der Matrosenschänke entfernt, da eilte hinter ihnen, mit einer Gewandtheit, die man dem langen und bejahrten Manne kaum zugetraut hätte, Jim Rast aus der offen stehenden Hausthür quer über die Gasse nach der andern Seite hinüber, wo er den beiden Männern, gleichen Schritt mit ihnen haltend, immer in derselben Entfernung folgte.

Es war schon vollständig Nacht geworden, und da in der Gasse nur sehr spärlich Gaslaternen brannten, so wurde es dem Bootsmanne leicht, sich den spähenden Blicken zu entziehen, welche die von ihm Verfolgten zuweilen rückwärts sendeten. Daß aber auf der entgegengesetzten Seite der Straße Jemand ihnen im Schatten der Häuser nachschleichen könne, bedachten sie nicht. Sie hatten Niemanden aus der Schänke treten sehen und fühlten sich daher beruhigt; vielleicht daß sie auch dem vierschrötigen Bootsmanne nicht Verschlagenheit genug zutrauten, oder ihn auch durch unmäßigen Genuß berauschender Getränke für unfähig zum ferneren Spioniren hielten.

Sie hatten die Richtung eingeschlagen, in welcher sie gekommen waren, und verfolgten eilfertig, aber schweigend ihren Weg. Sobald sie aber die Ecke der Hauptstraße erreichten, verweilten sie einen Augenblick, um noch einmal rückwärts zu lauschen. Rast bemerkte ihre Bewegung und schmiegte sich dicht an eine verschlossene Thür, wo schwarze Schatten seine Gestalt gleichsam in sich aufnahmen. Die Blicke der beiden Männer glitten daher über ihn hin, und da dieselben in der vereinsamten Gasse nur wenige Menschen gewahrten, die unbekümmert Einer um den Andern ihres Weges gingen, glaubten sie sich von der Gegenwart des ihnen lästigen Seemanns befreit. Sie setzten also ihre Wanderung mit weniger Eile fort und bogen um die Ecke der Gasse herum in die Hauptstraße ein, die in fast gerader Linie nach dem Broadway hinauf führte.

Sie waren bald wieder in eine sehr eifrige Unterhaltung vertieft; dicht hinter ihnen aber glitt nach der andern Seite der Straße hinüber Jim Rast. Derselbe eilte dann so weit vor, daß er sich fast in gleicher Höhe mit ihnen befand. Auf den breiten Bürgersteigen herrschte ein sehr reges Leben und Gedränge; er hatte daher um so weniger eine Entdeckung zu befürchten, brauchte also die von ihm Beobachteten keinen Moment aus den Augen zu verlieren.

Und so wanderten die drei Männer dahin, Jeder beschäftigt mit seinen eigenen Gedanken, bis sie endlich den in vollem Glanz prangenden Broadway erreichten. Dort auf dem breiten Trottoir standen die beiden Schweden still, und aus den Bewegungen ihrer Arme, mit welchen sie ihre Worte begleiteten, glaubte der Bootsmann zu errathen, daß sie über irgend einen Gegenstand verschiedene Meinungen hegten und vergeblich eine Einigung herbeizuführen strebten. Das Gedränge und das Stoßen, welchem sie daselbst ausgesetzt waren, mochte sie indessen zu sehr stören, denn sie begaben sich sehr bald schräg nach dem Rathhausplatz hinüber, wo sie unter den dichtbelaubten Bäumen ihren Spaziergang fortsetzten.

Jim Rast, daran gewöhnt, seine Augen in der Dunkelheit zu gebrauchen, war ihnen auch dorthin nachgefolgt, und sich abwärts im Schatten der Bäume haltend, schritt er in einiger

Entfernung von ihnen geduldig auf und ab, die eigenen Bewegungen mit seemännischer Pünktlichkeit nach den ihrigen abmessend.

Die Zeit verstrich; die Rathhausuhr schlug neun, und noch immer erging sich das seltsame Paar unter den Bäumen. Es schlug ein Viertel, Rast fluchte einige Male vor sich hin, doch keine Aenderung kam in das Benehmen der beiden Passagiere. Als aber die Glockenschläge halb zehn anmeldeten, da kehrten sie plötzlich auf ihrem Spazierwege um, und wie um ein Versäumniß einzuholen, eilten sie nach dem nordwestlichen Winkel des Platzes hinüber. Dort angekommen, bogen sie, ohne sich zu besinnen, mit der Sicherheit von ortskundigen Leuten, in die mit dem Broadway fast parallel laufende breite Straße ein und, augenscheinlich um weniger von anderen Fußgängern behindert zu werden, schritten sie auf dem leeren Schienenwege der Pferdeeisenbahn davon.

Ihre Bewegungen waren übrigens jetzt so schnell geworden, daß es Rast die größte Mühe kostete, in ihrer Nähe zu bleiben, und nur ihrem großen Sicherheitsgefühl verdankte er es, daß sie den langen Seemann nicht bemerkten, der, um sie nicht aus den Augen zu verlieren, ebenfalls die Bahn zu seinem Wege gewählt hatte.

Plötzlich aber wendeten sie sich kurz nach links einer engen Querstraße zu, welche in einem Bogen dem Broadway wieder zuführte, und im nächsten Augenblick verbargen sie die dichten Reihen der Fußgänger, zwischen welchen sie sich hindurchdrängten.

Jim Rast erschrak und ein derber Fluch rollte über seine Lippen, denn er glaubte nunmehr am verfrühten Ende der ihm gestellten Aufgabe zu sein. Mit einem Sprunge war er zwischen den Fußgängern auf dem Bürgersteige, seine Ellenbogen arbeiteten rücksichtslos und unbekümmert um die ihm zugeschleuderten Schmähreden nach rechts und links, und er erreichte glücklich die Ecke der

Nebengasse, als seine Piraten in der That schon dreißig Schritte weit von derselben entfernt waren.

Auch diese Gasse war nur wenig belebt, und Rast überzeugte sich, daß er hier mit mehr Behutsamkeit vorzugehen habe, wenn er auf alle Fälle mit seiner hervorragenden und leicht erkennbarer Figur unentdeckt bleiben wolle. Hinter ihnen herzuschleichen erschien ihm gefährlich, weil bei einem zufälligen Zurückschauen ihre Blicke gerade auf ihn fallen mußten; er besann sich daher nicht lange, sondern eilte, die beiden Gestalten immer fest im Auge behaltend, mit langen Schritten schräg nach dem andern Bürgersteige hinüber.

In seinem Eifer und in der Aufregung, in welche er allmälig hineingerathen war, achtete er aber nicht auf den Weg vor sich, und als er eben über die Gosse nach dem etwas erhöhten Trottoir hinaufsprang, prallte er so heftig mit einem Fußgänger zusammen, daß er beinahe das Gleichgewicht verloren hätte.

„Goddam!" grunzte er zähneknirschend, und immer noch mit dem einen Auge nach den sich entfernenden Gestalten hinüberschielend, hob er seine Faust, um durch einen wohlgezielten Schlag das so höchst unzeitig in seinen Weg getretene und nur aus einem einzigen Manne bestehende Hinderniß aus dem Wege zu räumen.

Dieser dagegen mochte die Gefahr, in welcher sein Gesicht schwebte, nicht unterschätzen und wohl einsehen, daß es zu einem Ausweichen zu spät sei, denn ehe noch die furchtbare Faust ihr Ziel mit unwiderstehlicher Gewalt traf, hatte er sich auf den Bootsmann geworfen und ihn so fest und gewandt umklammert, daß derselbe, um seinen Gegner zu treffen, zuerst sein eigenes Gesicht hätte zerschmettern müssen.

3.
Im Concertsaal.

Fast zu derselben Zeit, zu welcher Jim Rast sich mit den seiner Wachsamkeit anempfohlenen Passagieren nach der Matrosenschänke begab, standen im oberen Broadway, dem fast ein Häuserviereck einnehmenden New-York-Hotel schräg gegenüber, zwei junge Männer vor einer breiten offenen Doppelthür, über welcher, trotz der noch herrschenden Tageshelle, in Transparentschrift die Worte: „Theater, Concert und Erfrischungen" zu lesen waren.

Sie hatten ihre Aufmerksamkeit einem großen Zettel zugewendet, welcher die an diesem Abend im Innern des Hauses stattfindenden Vorstellungen verkündete.

Es waren zwei kräftige junge Männer mit vollen krausen Bärten, die, obgleich ihre Tracht in mancher Beziehung Ausländer bekundete, in Haltung und Benehmen jene Sicherheit zeigten, welche darauf hindeutete, daß sie nicht mehr so ganz fremd auf dem amerikanischen Continent seien. Welche Art von Geschäften sie trieben, denn nur reiche Leute und Vagabonden, welche über das Mein und Dein keinen recht klaren Begriff besitzen, vermögen in New-York ohne jede Beschäftigung zu leben, ging aus ihrem Aeußern nicht hervor; daß sie aber, um sich den Lebensunterhalt zu verschaffen, noch nicht zu schweren Handarbeiten ihre Zuflucht genommen, das bewiesen die weißen, wohlgepflegten Hände, die große Sauberkeit ihrer feinen Wäsche und der modische Schnitt ihrer ganzen Kleidung. —

„Was meinen Sie, lieber Werner, wollen wir eintreten und hier ein paar Stunden verbringen?" fragte der kleinere der beiden Männer, nachdem er den Zettel zu Ende gelesen.

„Warum nicht?" fragte der andere lebhaft lachend zurück. „Ein amerikanischer Schilling Eintrittsgeld, dafür eine Marke auf ein Glas Bier oder was uns sonst beliebt, und obenein noch Theater und Concert? So etwas wird mir nicht alle Tage geboten."

Die jungen Leute drängten sich an die Kasse, und bald darauf waren sie im Besitz von Marken, mit welchen sie fünf oder sechs Stufen nach dem Innern des Hauses zu hinaufstiegen, wo ein grüner wollener Vorhang und ein sauber gekleideter Kassendiener ihnen den Weg versperrten.

Sobald sie ihre Marken vorgezeigt, wurde der Vorhang vor ihnen gehoben, und sie befanden sich an dem Ort, an welchem sie alle auf den Zetteln versprochenen Dinge kennen lernen sollten.

Der Musentempel bestand hier in einem hell erleuchteten, sehr geräumigen, länglich viereckigen Saale, auf dessen einem Ende eine kleine Bühne errichtet worden war, während dieser gegenüber eine quer durch die Breite der Halle reichende Gallerie die Stelle der Logen vertrat, welche ebenfalls für Jeden, der seine Marke gelöst hatte, zugänglich war.

Vor der Bühne stand, als Orchester, ein großer aufgeschlagener Flügel, und vor diesem saß ein schmächtiger junger Mann, dessen ganzes Aeußere sehr eindringlich erzählte, daß seine Kunstfertigkeit und seine Stellung als Kapellmeister ihn nicht über alle Sorgen einer undankbaren Welt erhoben.

Den übrigen Flächenraum des Saales bedeckten kleine Tische und Stühle, die so geordnet waren, wie es eben der Laune der zeitweiligen Besitzer gefiel, oder wie die Rücksichtnahme auf Raumersparniß es hatte wünschenswerth erscheinen lassen.

Nicht weniger dicht, wie der Flächenraum des Saales, war auch sein Kubikinhalt angefüllt, und zwar mit Dampf von so vielen und so verschiedenartigen Cigarren, daß man hätte meinen mögen, es seien hier alle Sorten eines sehr reichhaltigen Cigarren-

lagers, von der feinsten Havannah bis zum geringsten Virginia=
Kanaster nicht nur vertreten gewesen, sondern auch durchgeprobt
worden.

Als die beiden Deutschen unter dem Vorhange durchgetreten
waren, standen sie still, und prüfend sendeten sie ihre Blicke über
die nur aus Herren bestehende Gesellschaft, offenbar, um einen
noch leeren und ihren Wünschen am meisten entsprechenden Tisch
zu entdecken.

Es wurde gerade ein Gesangstück vorgetragen; sie vermieden
daher, durch das Rücken von Stühlen Geräusch zu erzeugen,
obgleich es in anderer Beziehung ziemlich frei dort herging und
die wenigsten der Leute sich durch die Musik in ihrer Unter=
haltung stören ließen, wenn sie dieselbe auch nur in flüsterndem
Tone führten.

„Wie gefällt es Ihnen hier?" fragte der Mentor, oder viel=
mehr Falk, wie er hieß, seinen Gefährten, nachdem er sich eine
Weile an der Ueberraschung desselben geweidet hatte.

„Prächtig!" entgegnete Werner lebhaft, „dergleichen haben
wir in Kalifornien noch nicht, trotzdem wir auch dort schon
ziemlich weit in der Cultur vorgeschritten sind. Man findet hier
ja alle Nationen und Stände vertreten. Dort drüben Fran=
zosen, hier wieder Stockamerikaner, nicht weit davon die bru=
talen irländischen Gesichter, und die Gesellschaft an jenem Tisch,
die sich etwas abgeschlossen hält, kann doch nur aus Deutschen
bestehen."

„Sie haben recht," versetzte Falk, mit den Augen der an=
gedeuteten Richtung folgend. „Es sind Deutsche, und zufällig
kenne ich dieselben. Der alte, ehrwürdige Herr, der wie ein
Patriarch unter den drei jungen Leuten sitzt, ist einer der ge=
achtetsten Männer New=Yorks, der während seines langjährigen
Aufenthalts hier, wenn auch nicht in seinem Herzen, so doch
in seinem Aeußern und Wesen ganz amerikanisirt ist. Die

beiden jungen Leute an seiner Seite, ich meine den schmächtigen mit dem noch jugendlichen schwarzen Bart, und den wohlbeleibten mit dem dünnen Haar und dem starken, gelben Schnurrbart, sind zwei deutsche Edelleute, die ihrem Stande und ihrem Herkommen die größte Ehre machen. Sie sind sehr beliebt unter den Amerikanern und tragen viel dazu bei, die Vorurtheile, welche man hier im Allgemeinen gegen die höheren Stände in Deutschland hegt, immer mehr schwinden zu machen. Ihr dritter Gefährte, der mit dem behaglichen Ausdruck und dem langen, dichten, blonden Bart, derselbe, der den alten Herrn jetzt mit einem gutmüthig verschmitzten Lächeln von der Seite betrachtet, ist ein Mann, der den größten Theil der letzten zehn Jahre in den unwirthlichen Regionen zwischen dem Missouri und den Küsten der Südsee zugebracht hat. Sie sehen es seinem, von der tropischen Sonne gebräunten Gesicht an, daß er eben erst von einer solchen Wüstenreise zurückgekehrt ist, und sich doppelt glücklich im Kreise seiner Freunde fühlt. Ha ha ha! ich wette darauf, die drei heiteren Gesellen haben den alten Herrn unter irgend einem Vorwande hierhergelockt, und freuen sich hinterher darüber, daß er, der von Musik sehr wenig versteht, sich augenscheinlich so gut unterhält. Das heißt, seiner Frau, einer sehr feinen und liebenswürdigen Amerikanerin, darf er nicht sagen, wo er gewesen ist."

Ein mächtiger Accord auf dem Clavier, dem noch einige Läufer nachfolgten, und eine tiefe Verbeugung des als irländischer Kärner verkleideten Sängers auf der Bühne sagten, daß wiederum eine kleine Pause beginne, und fast augenblicklich setzten sich die Aufwärter in Bewegung, um sich nach den Wünschen der neu hinzugekommenen Gäste zu erkundigen und ihnen, gegen Einhändigung der Eintrittskarte, ein gefülltes Glas zu verabreichen.

Falk und Werner benutzten die Pause und nahmen an einem

Tischchen, nicht weit von der Gruppe der Deutschen, Platz, wo sie also ziemlich ungestört ihre Unterhaltung weiterführen und zugleich den ganzen Saal der gemischten Gesellschaft übersehen konnten.

Nachdem sie sodann Erfrischungen für sich bestellt, und, um das Unbequeme einer durch Tabaksdampf verdichteten Atmosphäre weniger zu empfinden, ihre Cigarren angezündet hatten, setzten sie ihr unterbrochenes Gespräch wieder fort, welches vorzugsweise das Zunächstliegende, ihre Umgebung betraf.

„Es ist eigenthümlich," begann Werner, „daß, wohin man sich auch immer wenden mag, die verschiedenen Nationalitäten, und haben sie noch so lange die amerikanische Luft eingeathmet, sich stets so auszeichnen, daß sie gar nicht zu verkennen sind. Blicken Sie nur dort auf die Amerikaner, die mit ihren blitzenden Busennadeln und Uhrketten nicht wenig an wandernde Juwelierladen erinnern, wie höchst ungraziös, ja unanständig sie auf ihren Stühlen hängen; und dann schauen Sie auf jene Irländer, die, um selbst für Amerikaner gehalten zu werden, diesen nachäffen. Aber sind die vornehm sein sollenden Manieren der Amerikaner unästhetisch, so sind die der Irländer gemein, brutal und ekelhaft, und fast zu vergleichen dem Behagen, mit welchem gewisse Thiere sich im Morast wälzen."

„Ich pflichte Ihnen vollkommen bei," versetzte Falk. „Wie ganz anders benehmen sich dagegen die Franzosen; zum Beispiel die dort drüben auf jener Seite. Es können nur Arbeiter sein, nach ihren schwieligen Händen zu urtheilen, vielleicht Maschinenbauer. Trotzdem bewegen sie sich mit einem Anstande, der sie weit über jenen amerikanischen Nabob stellt, der vielleicht ihr Arbeitgeber ist. Uebrigens haben auch vereinzelte Deutsche ein besonderes Talent, den Amerikanern nachzuäffen, wobei sie sich nebenbei außerordentlich lächerlich machen. Doch diese sind in den meisten Fällen harmlos und schon zufrieden, wenn sie selbst, und nur sie selbst vergessen haben, daß sie auf jener Seite des Oceans geboren wurden."

„Dergleichen charakterlose Individuen findet man in Kalifornien fast noch mehr, als hier," unterbrach Werner seinen Freund, und ein behagliches Lachen spielte auf seinen etwas derben, aber nicht unschönen Zügen, indem er nachlässig mit der Hand seinen langen braunen Bart niederwärts strich. „Denken Sie nur, in San Francisco, wohin Deutschland doch ein nicht unbedeutendes Contingent seiner Kinder gesendet hat, stoßen Sie bald auf einen Rheinländer, der sich für einen vollblütigen Spanier hält, bald auf einen zum Yankee gewordenen Hannoveraner, bald auf einen Märker, der darauf schwört, in Mexiko, Peru oder wer weiß wo das Licht der Welt erblickt zu haben. Sogar die Chinesen und Indianer finden nicht selten unter den Deutschen ihre Nachahmer."

„Wie jener junge Mann mit der indianischen Pfeife im Munde und den Mokassins an seinen Füßen," bemerkte Falk, auf einen schmächtigen Mann mit schmalem, aber martialisch gedrehtem Schnurrbart hindeutend, der sich dicht vor die Bühne, so recht in den Hauptreflex einer Gaslampe gesetzt hatte. „Der Mensch ist einmal in einem Dampfboot den Missouri bis nach St. Joseph hinaufgefahren, ein ander Mal besuchte er die Stadt Little Rock in Arkansas, und da haben denn die Indianer, die er hin und wieder am Ufer gesehen, einen so tiefen Eindruck auf ihn ausgeübt, daß er selbst zur halben Rothhaut geworden ist. Es schmeckt ihm der Tabak nur noch aus einem steinernen Pfeifenkopf, seine Füße werden wund, wenn etwas Anderes, als Mokassins dieselben bedecken; dabei geht er so einwärts, wie eine siebenzigjährige Pawnee-Squaw, und was das Auffallendste ist, er kann nicht mehr „ja" sagen, sondern antwortet, wo es sich nur immer anbringen läßt, mit einem sehr ernsten „Hau!"

„Ich möchte ihn wohl einmal erzählen hören," sagte Werner lachend.

„Um Gottes willen!" entgegnete Falk mit einer komisch abwehrenden Bewegung. „Der erzählt Ihnen Jagdgeschichten, wie sie selbst Cooper's Nathaniel Bumpo nicht merkwürdiger erlebte. Ich glaube, zehn Locomotiven vermöchten das Wild nicht zu schleppen, welches er schon in seinem Leben gemordet, denn noch nie fehlte seine sichere Kugel ihr Ziel."

Die beiden Freunde lachten und blickten dann mitleidig zu dem armen Clavierspieler hinüber, der auf ein Zeichen des Theaterdirectors begonnen hatte, mit großer Fingerfertigkeit eine Ouvertüre vorzutrommeln. Spielen konnte es natürlich kaum genannt werden; denn die Musik war ausdruckslos und kalt, und aus jeder mechanisch angeschlagenen Note klangen traurige, weit abschweifende Gedanken, eine gedrückte Stimmung hervor.

„Der arme Mensch," sagte Werner, wie zu sich selbst sprechend.

„In der That ein armer Mensch," bekräftigte Falk; „sein bescheidenes Aeußere und seine Schüchternheit sind die alleinige Ursache seines Unglücks. Spielte er weniger geläufig, und besäße er dafür einen höhern Grad von Unverschämtheit, so daß er sich für einen der ersten Professoren der Musik ausgäbe, der keine Stunde billiger, als für fünf Dollars ertheilen könne, so würde er vielleicht sein Glück machen. Sie wissen, die Amerikaner sind praktische, zugleich aber auch ehrgeizige Leute; ihre Töchter lernen in den meisten Fällen ebenso wenig bei einem guten, wie bei einem schlechten Musiklehrer auch nur erträglich spielen, und da gewährt es ihnen denn eine gewisse Genugthuung, sagen zu können: ich bezahle für die Stunde fünf Dollars, während Jene nur einen oder zwei Dollars an ihren Lehrer zu geben im Stande waren. Nein, der arme Mensch ist nicht für Amerika geschaffen."

Der junge Mann vor dem Clavier beendete sein Spiel,

Tische und Stühle wurden gerückt, einzelne Leute erhoben sich, um zu gehen; von dem Vorhang her dagegen bewegte sich eine ganze Gesellschaft, die sich dort während der Musik angesammelt hatte, in den Saal hinein.

Schweigend und mit einem gewissen Interesse blickten die Freunde auf die ankommenden Leute hin, wie sie an ihnen vorüberschritten und nach leeren Tischen und Plätzen forschten. Es waren größtentheils heitere, junge Männer, einzelne dem Arbeiterstande, andere dem Kaufmannsstande angehörend, die nach Beendigung ihres Tagewerks hier bei einem Glase Wein oder Bier Erholung suchten.

Plötzlich stieß Falk seinen Gefährten an. „Sehen Sie den Herrn mit der übermüthigen Haltung und dem weit abstehenden Schnurrbart?" fragte er leise, denn die betreffende Persönlichkeit befand sich nur wenige Schritte von ihnen.

„Ich sehe ihn."

„Nun wohl, dieser Mensch ist nicht ohne Talent, in mancher Beziehung sogar sehr begabt, hat sich aber die Aufgabe gestellt, für die südlichen Sclavenbarone in Europa Propaganda zu machen. Dergleichen Erscheinungen sind leider nicht selten. Gewöhnlich haben solche Leute auf irgend einer Plantage einst gastfreundliche Aufnahme gefunden; man zeigte oder bereitete ihnen dort auf einige Tage ein üppiges, sinneberauschendes Leben, führte ihnen die patriarchalische Seite des Sclavenwesens so recht in die Augen fallend vor, und in Folge dessen verkünden sie in Schrift und Wort das Wohlthätige der Sclaverei in einer Weise, daß man in Versuchung gerathen könnte, selbst Sclave zu werden. Sie stellen Vergleiche an zwischen dem verachteten freien Farbigen und dem gemächlich dahinvegetirenden Sclaven; sie sprechen über geistige Begabung und Schädelbildung, als hätten sie bei der Schöpfung selbst mitgeholfen, und gelangen endlich zu dem Schluß, daß der Afrikaner weiter nichts

sei, als ein mit einem Funken von Verstand versehenes gutes
Hausthier. Wohl aber möchte ich wissen, was sie entgegnen
würden, wenn man sie fragte, ob sie lieber verachtet und frei,
oder für ein paar Hundert Thaler verkauft sein wollten; denn
viel würde selbst der freigebigste Sclavenhändler nicht für sie
geben, wenn auch nur, weil sie lesen und schreiben
können. Oder wenn sie wüßten, daß sie von den Sclaven=
baronen, die sie einst mit offenen Armen aufnahmen, hinter dem
Rücken verhöhnt und verlacht, und dumme deutsche Nigger ge=
nannt werden. Viele in Europa schwärmen für dergleichen
überschwängliche Schilderungen und glauben daher gern an Zu=
stände, welche sie in ihre eigene Umgebung wünschen. Nament=
lich ist der Deutsche hervorragend im Glauben der allerüber=
triebensten Gerüchte und Mittheilungen. Gehen Sie und ver=
sichern Sie ihm, daß in den westlichen Prairien kleine Eidechsen
mit großen Hörnern auf den Köpfen leben, so wird er es nicht
glauben, weil — es eine nackte Wahrheit ist. Erzählen Sie
ihm dagegen, daß Sie zehntausend Büffel an einem Tage er=
legten, die Hirsche dutzendweise in Mausefallen fingen, oder daß
Trappen und Pelztauschen, bekanntlich das beschwerlichste und
undankbarste Handwerk der Welt, einen jungen, unerfahrenen
Anfänger innerhalb zweier Jahre zum vermögenden Manne
mache, so wird er dieses Alles nicht bezweifeln, weil es eben
lauter Unmöglichkeiten sind."

„Eine sehr natürliche Folge der Leichtgläubigkeit ist, daß
dieselbe auf schamlose Weise gemißbraucht wird," bemerkte Werner,
der seinem Freunde so lange aufmerksam zugehört hatte. „Wenn
sich Leute im Laufe ihrer Erzählung auch zu Ausschmückungen
verleiten lassen, ja sogar mit reger Phantasie neue Bilder schaf=
fen, so sollten sie doch vor allen Dingen stets die objective Wahr=
heit im Auge behalten."

„Ganz richtig," versetzte Fall, „aber Sie übersehen, daß

die Mehrzahl der Menschen die objective Wahrheit nicht heraus=
zufühlen vermag und am liebsten Das glaubt, was sie gerade
wünscht oder ihr am besten gefällt."

„Dann machten die größten Betrüger ja die besten Geschäfte
in der Welt!" rief Werner lachend aus.

„Thun sie das denn nicht?" fragte Falk, „ich dächte, man
brauchte nicht sehr weit zu gehen, um den eben von Ihnen
aufgestellten Satz bewahrheitet zu finden."

Werner nickte, zum Zeichen, daß er die Anspielung verstan=
den habe, und blickte nach der kleinen Bühne hinüber. Die
beiden Freunde hatten sich nämlich so sehr in ihre Unterhaltung
vertieft gehabt, daß ihnen das Auftreten einer Sängerin im
Tyroler Costüm entgangen war. Erst als dieselbe immer und
immer wieder denselben Schlußrefrain durchjodelte, auf welchen
Theil ihrer Kunstfertigkeit sie selbst den größten Werth zu legen
schien, wurde ihre Aufmerksamkeit auf sie hingelenkt.

Nach einer Weile, als das Jodeln gar kein Ende nehmen
wollte, wendete Werner sich wieder in flüsterndem Tone an sei=
nen Gefährten.

„Ich kann nicht umhin, meine Verwunderung darüber aus=
zusprechen," hob er an, „daß Ihnen verhältnißmäßig so viele
Personen in dieser zahlreichen zusammengewürfelten Gesellschaft
bekannt sind."

„Und dennoch ist es ganz natürlich," entgegnete Falk eben=
so leise, „denn außerdem, daß ich als Maler darauf angewiesen
bin, mit vielen Menschen zu verkehren, um die Erzeugnisse mei=
ner Kunst zu verwerthen, streife ich in meinen müßigen Stunden
vielfach umher, nur geleitet von dem Zweck, Ideen und Stoff
zu meinen Arbeiten zu sammeln. Mein Weg führt mich dann
gewöhnlich dahin, wo ich den dankbarsten Boden zu finden
hoffe; und da das amerikanische Familienleben nur sehr wenig
wahrhaft anregende Momente bietet, so kann ich ja nicht besser

thun, als die Physiognomien zu meinen Genrebildern an öffentlichen Vergnügungsorten aufzusuchen. Ich komme daselbst mit Diesem und Jenem zusammen, und stoße häufig auf Physiognomien, die mich allein schon durch ihren Ausdruck bestimmen, nach ihrer Geschichte zu forschen, wenn auch nur, um mich zu überzeugen, in wie weit ich mich mit meinen Muthmaßungen über sie der Wahrheit genähert habe Es ist dieses eine Art Studium, welches mir viel Unterhaltung gewährt, mag ich Unbekannten gegenüber auch ernst und verschlossen erscheinen."

„Ich dürfte in meinem augenblicklichen Beruf als Weinhändler nicht so ernst sein, oder das kalifornische Haus, für welches ich reise, würde Veranlassung finden, mit meinen Dienstleistungen eben nicht sehr zufrieden zu sein."

„Es war mir bis jetzt neu, daß von Kalifornien Wein ausgeführt wird."

„O, das ist noch vielen Menschen neu, und wenige haben einen Begriff davon, welchen Ertrag die alten Missionsweinberge, wie auch die in neueren Jahren angelegten liefern. In vielen Schiffsladungen kaufen wir den jungen Wein auf den kalifornischen Küstenstrichen, um ihn demnächst in San Francisco in unseren vortrefflichen Kellern ablagern zu lassen. Und wenn er dort ein oder zwei Jahre gelegen hat und man bringt ihn wieder an's Tageslicht, ei, der Tausend, was für ein Göttertrank ist es dann! Aber Sie sollen ihn in meinem Hôtel proben."

„Der geborene Weinhändler!" rief Falk lachend aus, und mit einem gellenden Triller und einer anmuthigen Verbeugung schloß die Sängerin ihre Jodelarie.

„Vielleicht sogar ein Vorwurf zu einem Ihrer pikanten Genrebilder?" entgegnete Werner heiter, als der Applaus, welcher die Sängerin bis hinter die mit furchtbar großen Lilien und Rosen übermalten Coulissen begleitete, sich etwas gelegt hatte.

„Nein, nein!" antwortete der Maler mit gesteigerter Fröhlichkeit. „Ich habe eine Flasche Ihres Kaliforniaweins lieber in Wirklichkeit, als auf Leinwand gemalt vor mir, und da es den meisten Amerikanern wohl nicht viel besser ergeht, so würde mein Bild am Ende unverkauft bleiben. Sie kennen den hiesigen Geschmack noch wenig."

„Ha, ich denke, der Geschmack wird hier der Art sein, daß Sie Ihre Bilder schon längst verkauften, noch eh' Sie dieselben zu malen begonnen haben."

„Manchmal, ja; es kommen nämlich zuweilen Leute zu mir, die eine neu eingerichtete Wohnung auszuschmücken wünschen, und zu diesem Zweck bestellen sie, je nach Bedürfniß und der Zahl der zu decorirenden Wände, sechs, acht und mehr Bilder, nebst Angabe der Breite und Länge. Oft erhalte ich auch die Rahmen geliefert, um Bilder in dieselben hineinzumalen. Ich muß gestehen, diese handwerksmäßige Ausübung der Kunst widerstrebt meinem Gefühl, allein da ich kein reicher Mann bin und meine gelegentlichen Reisen sehr viel Geld kosten, so muß ich nothgedrungen auf dergleichen Anerbietungen eingehen. Ich tröste mich indessen mit dem Gedanken, daß Eins das Andere befördert, und habe meine Zeit demgemäß eingetheilt. Eine Woche hindurch male ich täglich ein bis zwei Bilder, und gewinne dadurch so viel, daß ich wieder zwei Monate hindurch größeren und edleren Arbeiten ungestört obliegen kann. Letztere gebe ich dann auf die Ausstellung, und zur Ehre der Amerikaner muß ich einräumen, daß doch hin und wieder schon Einer auftaucht, der bei der Beurtheilung eines Werkes weniger auf schreiende Farben, als auf die Ausführung sieht."

Der Clavierspieler hatte, um die Zeit auszufüllen, wieder ein neues Stück begonnen. Es waren Variationen über ein Heimathslied, und mit wirklich innigem Ausdruck trug er dieselben vor.

Die beiden Freunde waren nachdenkend geworden; auch bei

ihnen mochten die lieben bekannten Klänge süße, wehmüthige Er=
innerungen erwecken. Da störte sie das Geräusch neu eintreten=
der Personen, die rücksichtslos mitten durch den Saal schritten.
Werner schaute mißmuthig auf. Kaum hatte er diejenigen, von
welchen das Geräusch ausging, erblickt, so erhob er sich etwas
von seinem Sitz und sendete einen stummen, aber höflichen Gruß
hinüber.

Falk, der ganz Ohr war, nahm sich nicht die Mühe auf=
zuschauen, sondern ließ, Ruhe gebietend, ein lautes „St!"
zwischen seine Zähne durchgleiten.

Das Geräusch verstummte; aber erst als der junge Mann
am Clavier seine Variationen beendigt hatte, wendete Falk sich
nach den eben Angekommenen um, und gleichzeitig glitt ein
deutlicher Zug des Mißvergnügens über sein geistreiches Gesicht.

„Sie, erst seit zwei Wochen in New=York, stehen schon auf
dem Grüßfuß mit diesen beiden Menschen?" fragte er Werner,
und in seiner Stimme verrieth sich eine unangenehme Ueber=
raschung.

Werner erröthete; er war betroffen, weil er sich die Frage,
die offenbar irgend einen Vorwurf enthielt, nicht zu erklären
vermochte.

„Ich kenne sie, weil sie in dem Hôtel, in welchem ich wohne,
vielfach verkehren. Es sind zwei deutsche Edelleute, die sich
ebensowohl durch ihre feine Bildung, als auch durch ein ge=
wisses vornehmes zurückhaltendes Wesen, welches aber durchaus
nicht abstößt, auszeichnen. Der Zufall fügte es, daß ich vor
einigen Tagen näher mit ihnen bekannt wurde, und ich gestehe,
ihre höfliche Zuvorkommenheit, die so gänzlich jeder, den Deutschen
sonst eigenthümlichen Zudringlichkeit entbehrt, hat mich sehr für
sie eingenommen. Der ältere Herr ist ein Graf und sein jüngerer
Gefährte ist ein Baron, ihre Namen sind mir leider entfallen."

Während der ganzen Zeit, daß Werner sprach, hatte Falk

seine Blicke nicht von den betreffenden Persönlichkeiten gewendet und mit einem unbeschreiblich vielsagenden Ausdruck fortwährend genickt.

Sie standen noch immer auf derselben Stelle, hatten den beiden Freunden den Rücken zugekehrt und waren offenbar unentschlossen, ob sie bleiben oder wieder gehen sollten. Die Anwesenheit des Malers schien die Zweifel in ihnen erweckt zu haben; denn kaum hatten sie Werner mit einem liebenswürdigen, vertraulich herablassenden Kopfnicken begrüßt und dann den Künstler an seiner Seite erkannt, so waren sie wie angewurzelt stehen geblieben und, als ob sie Jemand gesucht hätten, richteten sie ihre Blicke nach der entgegengesetzten Seite des Saales. Sie wären gewiß gern wieder sogleich davongegangen, wenn sie nicht befürchtet hätten, Aufsehen zu erregen und sich eine Blöße vor Werner zu geben.

Ihr Aeußeres entsprach übrigens vollkommen der vortheilhaften Beschreibung, welche Werner von ihnen gemacht hatte, denn eine geradere, anmuthigere Haltung, einen zierlicher und enger anschließenden Stiefel und einen tabelloseren Sitz der nach dem neuesten Schnitt gearbeiteten Kleidungsstücke hätte man wohl kaum auf der sonntäglichen Parade irgend einer europäischen Hauptstadt zu finden vermocht.

Ja, es waren stattliche Erscheinungen, namentlich der ältere Herr mit seinem echt militärischen Anstande. Seine Züge waren wohl etwas schlaff und abgelebt, wie bei Jemandem, der gewohnt ist, die Nacht in den Tag zu verwandeln, allein ein gewisser Ausdruck jugendlichen Selbstbewußtseins konnte ihnen nicht abgesprochen werden, dazu spähten die kleinen schwarzen, stechenden Augen zu flüchtig umher, war das ergraute Haar zu schön schwarz gefärbt und das ganze Gesicht bis auf zwei rund abgezirkelte Punkte unter den Nasenflügeln zu glatt und sorgfältig geschoren. Und diese beiden Punkte erst, auf welchen zwei Bün=

belchen pechschwarz gefärbter Borsten wucherten, die mit ausgesuchter Eleganz, etwa wie die Fühlhörner bei einem Schmetterling, in kurze scharfe Spitzen zusammengeklebt, nach vorn gerichtet standen, wie sahen sie unternehmend und unwiderstehlich aus! Und dann die anschließenden Glacéhandschuhe, und das feuerrothe, breitgedrückte Blümchen im linken Knopfloch, welches sich aus der Ferne genau so ausnahm, wie das Bändchen der Ehrenlegion; ja, wirklich, der ältliche Herr sah ganz vortrefflich aus.

Sein jüngerer, oder vielmehr sein junger Gefährte hatte ebenfalls etwas sehr Vornehmes in seinem Aeußern, konnte aber mit ihm selbst einen Vergleich nicht aushalten. Einestheils war er viel zu bleich und wohlbeleibt, anderntheils schien er um eben so viel älter zu sein, als er in der That Jahre zählte, wie es bei dem andern Herrn umgekehrt der Fall war; nicht zu gedenken der nur von schwarzgefärbtem Flaum bedeckten Oberlippe, die den Verdacht erregte, als verdanke sie ihre Zierde einem angebrannten Korkpfropfen.

Ein nobler Anstrich war indessen nicht zu verkennen, indem er mit bezaubernder Gewandtheit einen an seidener Gummischnur befestigten Glasscherben zwischen den Lidern seines rechten Auges eingeklemmt trug, und den blanken Knopf des leichten schwarzen Rohrstöckchens mit unwiderstehlicher Nachlässigkeit gegen seine schmalen bläulichen Lippen preßte.

„So—o—o!" sagte Falk endlich gedehnt, als die beiden Herren immer noch unentschlossen in ihrer zuerst angenommenen Stellung verharrten, „Sie sind also für den Herrn Grafen und den Herrn Baron eingenommen? Ich kenne sie nämlich nur unter diesen Namen; wie sie sonst heißen mögen und ob sie wirklich auf diese Titel gerechte Ansprüche haben, ist mir auch sehr gleichgültig. Indessen kann ich Ihnen nur rathen, auf Ihrer Hut zu sein; es sind ein paar verrufene Abenteurer, die bei Ihnen Schätze wittern und es ganz gewiß auf Ihr Geld abgesehen haben. Sie wissen, daß ich mehr von ihrer Vergangenheit erfahren habe, wie ihnen lieb ist, und scheuen daher, sich Ihnen zu nähern. In der Heimath lernten sie weiter nichts, als das Kriegshandwerk in Friedenszeiten; dann sind sie nach Amerika ausgewandert, weil vielleicht ein unvorsichtiger Nachtwächter sich auf ihren Degen aufspießte, oder weil unverschämte Crebitoren ihnen nicht länger borgen wollten. Zu stolz, sich entehrender Arbeit zu unterziehen, verschaffen sie sich auf gentilere Weise hier in New-York ihren Unterhalt durch ihr gutes Kartenspiel. Ich kenne sie seit einigen Jahren, ich kannte sie schon, als sie noch in sehr abgetragenen Röcken die deutschen Bierhäuser besuchten und, nach sehr liebevoller Unterhaltung mit irgend einem unerfahrenen Emigranten, regelmäßig ihre Börsen vergessen hatten, um jenem die Freude zu gönnen, einmal für so vornehme Herren bezahlen zu dürfen. Ich liebe es sonst nicht, Jemanden an den Pranger zu stellen; besonders aber nicht, wenn die Möglichkeit vorliegt, daß mir ungerechtfertigte Vorurtheile und Abneigung gegen diesen Stand oder jene Würde zum Vorwurf gemacht werden könnten. In diesem Falle aber vermag ich doch nicht den Wunsch zu unterdrücken, daß die Geschichte der beiden Herren in weiteren Kreisen bekannt werden möchte, wenn auch nur, um Diejenigen zu warnen, welche, ursprünglich aus jugendlichem Leichtsinn, der Verführung nicht fest entgegentreten, allmälig tiefer und tiefer sinken, und endlich durch eine unüberlegte verdammungswürdige Handlung sich die Rückkehr zu einer ehrenwerthen Lebensstellung abschneiden."

Während Falk noch sprach, hatten der zuerst erwähnte alte Herr und seine drei jüngeren Begleiter, die an einem Tischchen nicht weit von ihnen saßen, sich erhoben, um sich zu entfernen.

Falk gewahrte nicht so bald deren Absicht, als auch eine helle Schadenfreude aus seinen Zügen leuchtete.

6*

„Das ist herrlich!" flüsterte er Werner zu, „sie müssen unbedingt an ihnen vorbei. Bis jetzt haben der Herr Graf und der Herr Baron sie noch nicht bemerkt. Achten Sie daher genau darauf, wie sie sich benehmen werden, wenn sie die sie verachtenden Standesgenossen so plötzlich vor sich sehen. Eine größere Demüthigung hätte ihnen nicht zu Theil werden können."

In diesem Augenblick schritt der alte Herr mit seinem Gefolge in geringer Entfernung vorüber. Er sowohl wie seine Begleiter grüßten freundlich, welchen Gruß Falk und Werner durch Aufstehen höflich erwiderten, und gleich darauf drängten sie sich an den beiden Spielern vorbei.

Diese, durch das Drängen gemahnt, etwas zur Seite zu treten, schauten sich mechanisch um, aber schneller noch wendeten sie ihre mit der Röthe der Scham und der Verlegenheit übergossenen Gesichter wieder abwärts, als sie urplötzlich die in der Begleitung des alten Herrn befindlichen beiden jungen Edelleute bemerkten, deren Blicke kalt und gleichgültig über sie hinstreiften.

„Sie besitzen wenigstens noch eine Probe von Scham," sagte Werner, dem keine der bei dem merkwürdigen Zusammentreffen stattgefundenen Bewegungen entgangen war.

„Ha ha ha!" lachte sein Gefährte; „wenn es nicht gerade Standesgenossen von ihnen gewesen wären, denen sie sich sogar bei ihrer Ankunft in New-York vorstellten und von der liebenswürdigsten und ehrenwerthesten Seite zeigten, so würden sie sich gewiß nicht sehr geschämt haben."

Der Graf und der Baron mochten indessen noch auf andere Physiognomien gestoßen sein, die ihnen nicht sonderlich gefielen, denn sie entfernten sich nach kurzem Besinnen, erschienen aber bald darauf oben auf der Galerie, wo sie sich im Hintergrunde so niederließen, daß sie von unten aus nicht bemerkt werden konnten.

„Wenn die Schwalben heimwärts ziehn," sang mit dünner Stimme ein kleiner unansehnlicher Schauspieler, der sich in das Costüm eines Landjunkers mit ungeheuern Stulpenstiefeln geworfen hatte, und indem er mit komisch sehnsüchtigem Pathos die einzelnen Noten auf ohrenzerreißende Weise modulirte, strich er mit der Hand von unten nach oben über sein Gesicht. Schallendes Gelächter antwortete auf diese Bewegung, denn die Nasenspitze des Sängers, die ursprünglich nach unten wies, stand, in Folge einer unerklärlichen Muskelgewandtheit, plötzlich nach oben gerichtet, wodurch der Besitzer der geschmeidigen Nase gar nicht mehr derselbe zu sein schien, der kurz vorher auf die Bühne getreten war.

„Kommen Sie," sagte Falk, „diese Verunstaltung hat für mich etwas Widerwärtiges."

Die Freunde erhoben sich und schlichen leise davon, und einige Minuten später wanderten sie, Arm in Arm, plaudernd den Broadway hinunter.

Vor dem kleinen, aber mit orientalischer Pracht ausgeschmückten Hôtel, welches die gegenüberliegende Ecke des mächtigen St. Nicolaus-Hôtel bildet, trennten sie sich, nachdem sie sich gegenseitig das Versprechen gegeben, am folgenden Tage wieder zusammenzutreffen.

Werner trat in die Lesehalle ein, um noch einen Blick in die neuesten Zeitungen zu werfen, während Falk in die nächste Querstraße einbog und in derselben eilig weiterschritt.

Seine Wohnung lag fast auf dem andern Ende der Stadt, da, wo die Häuser noch nicht so dicht zusammengedrängt waren, und wo Gärten und anmuthige Parkanlagen der Stadt selbst einen überaus freundlichen Charakter verliehen.

Die Pferdeeisenbahn lief in geringer Entfernung von seiner Wohnung hin, und um einen der alle zehn Minuten auf derselben abgehenden kolossalen Wagen zu benutzen, machte er sich den kleinen

Umweg, der ihn fast in entgegengesetzte Richtung von der eigentlich beabsichtigten führte. Da es nicht weit mehr von zehn Uhr war, und um diese Zeit die letzten Wagen ihren Halteplatz vor Barnim's Museum verließen, so beeilte er sich, um die letzte Fahrgelegenheit nicht zu versäumen. In Gedanken versunken verfolgte er seinen Weg, und mechanisch wich er den Leuten aus, die ihm in den engen, weniger belebten Querstraßen und Gassen begegneten. Erst als er die breite, hell erleuchtete Eisenbahn vor sich liegen sah, mäßigte er die Eile seiner Schritte.

Da bemerkte er eine riesenhafte Gestalt, die von der andern Seite der Straße her schräg auf ihn zubog und sich ihm mit langen Sätzen näherte. Er wollte dem Fremden, den er für einen Betrunkenen hielt, ausweichen, in demselben Augenblick machte derselbe aber eine unvorhergesehene Wendung gerade auf ihn zu, so daß er heftig mit ihm zusammenprallte, und gleichzeitig sah er eine Faust, die sich blitzschnell hob und sich auf sein Gesicht zu senken drohte.

Den Hieb von sich abzuwenden, erschien ihm nicht mehr möglich, er wählte daher als letzte Rettung vor dem brutalen Angriff, daß er sich mit aller Gewalt auf seinen Gegner warf und sich an denselben festklammerte.

4.
Die drei Mormonen.

Als Jim Rast seine Faust zum Schlage gegen Falt erhob, hegte er eben nur die, nach seiner Meinung, höchst unschuldige Absicht, sich in der Verfolgung der seiner Wachsamkeit anem=

pfohlenen Männer nicht von der richtigen Spur abbringen zu lassen. Zu spät sah er aber ein, daß er zur Erreichung seines Zweckes gerade zu einem unrechten Mittel gegriffen hatte. Bei seinen riesenhaften Kräften wäre es ihm allerdings ein Leichtes gewesen, den Künstler, troß dessen Gewandtheit, von sich abzustreifen und zu zermalmen; allein da er seine Blicke nicht von den in der Ferne immer mehr verschwindenden Gestalten abzuwenden wagte, so befand er sich im Nachtheil. Er versuchte daher, den zufälligen feindlichen Zusammenstoß auf möglichst gütliche Art beizulegen.

„Das ist originell!" rief er aus, als er sich von Falk's Armen, wie von unzerreißbaren Schlingen umklammert fühlte.

In dem Ton seiner Stimme verriethen sich aber, troß des aufsteigenden Zornes und der schnarrenden Rauheit, Gefühle, die in so krassem Widerspruch zu seiner drohenden Geberde standen, daß Falk dadurch beruhigt wurde und des Seemanns Worte mit einem Anflug von Humor wiederholte, ohne indessen sogleich in seinem Griff nachzulassen.

„Sehr originell," sagte er gutmüthig, sobald er bemerkte, daß er es mit keinem Betrunkenen zu thun habe und daher nur ein Irrthum obwalten könne.

„Verdammt!" entgegnete Rast, immer nach derselben Richtung hinstierend. „Ich habe Eile, und wenn Ihr ein Gentleman seid, dann werdet Ihr, eh' ich Euch würge, Eure Unterhalten von meiner Gurgel nehmen und mich eine Strecke begleiten — geschwind — geschwind, eh' sie außer Sicht sind! Hol' der Satan meine Dummheit! So anzusegeln!"

Des Bootsmanns Worte klangen so aufrichtig, daß Falk keinen Augenblick an seiner Ehrlichkeit zweifelte. „Auch ich habe Eile, von hier fortzukommen," entgegnete er daher, seine Arme von dem Nacken seines Gegners entfernend und einen

Schritt zurücktretend, „so viel Eile, daß ich Euch nicht begleiten kann."

„Aber Ihr müßt!" rief der aufgebrachte Bootsmann schnaubend aus, und gleichzeitig griff er den Maler dicht über dem Handgelenk seines linken Armes, worauf er ihn mit unwiderstehlicher Gewalt und Eile mit sich fortzog, daß Jener beim besten Willen außer Stande war, ihm Widerstand zu leisten, wenn er nicht zu einem geräuschvollen Auftritt Veranlassung geben wollte.

Nachdem sie also ungefähr dreißig Schritte neben einander in vollem Lauf zurückgelegt hatten, schien Falk's Führer wieder Herr seiner selbst zu werden.

„Seht Ihr dort die Schatten an den Häusern hingleiten?" fragte er den überraschten Künstler, der allmälig ein neugieriges Interesse an seiner eigenthümlichen Lage empfand.

„Die Männer dort auf jener Seite? allerdings sehe ich sie, ich müßte ja blind sein, wie ein Maulwurf," antwortete Falk, und Rast hatte schon gar nicht mehr nöthig, ihn nach sich zu ziehen.

„Das ist originell! blind wie eine gemalte Kanonenluke," versetzte der Seemann mit unterdrückter Stimme. „Ihr seid unbedingt ein Gentleman; behaltet also mit mir zugleich jene Landpiraten in Sicht, und während wir gleichen Cours mit ihnen steuern, will ich Euch eine Erklärung geben, wie es sich zwischen Männern geziemt."

Falk, immer gespannter auf Das, was folgen würde, versicherte, daß er mit dem Vorschlage einverstanden sei, und Rast, nachdem er sich leise geräuspert, hob an:

„Einer von uns ist der Beleidigte —"

„Ein unfreiwilliges Zusammenprallen ist keine Beleidigung," unterbrach Falk lachend seinen Gefährten, dessen Ernst ihn zu ergötzen begann.

„Ich sage Euch, Herr, Einer ist der Beleidigte, und wollt Ihr es nicht sein, so bin ich es. Wir haben mit den Breitseiten gegen einander gelegen, und verdammt will ich sein, wenn die Sache nicht ausgefochten werden muß. Ihr habt mir den Hals beinah' zugeschnürt, und dafür sollt Ihr Satisfaction haben, und das ist originell!"

„Sehr originell!" bekräftigte Falk, immer mehr belustigt über des grimmigen alten Burschen Eifer.

„Wollte Euch also bitten, eine Stunde oder so herum zu warten, bis wir den Nothhafen der beiden Piraten dort ausgemacht, und dann —"

„Soll ich mir die Knochen von Euch entzweischlagen lassen," fiel Falk seinem Begleiter in die Rede, kaum noch fähig, ein lautes Lachen zu unterdrücken; „ich danke für die Ehre, bin aber bereit, Euch noch etwas Gesellschaft zu leisten."

„Bei Gott, Herr! kein Knochenentzweischlagen," versicherte Raft, weder rechts noch links blickend. „Ihr seid zwar nur ein Deutscher, aber doch ein Gentleman, und Ihr sollt alle Vortheile haben, die einem Gentleman gebühren; 's würde mich auf dem Boden des Oceans nicht ruhig schlafen lassen, wäre ich Euch Satisfaction schuldig geblieben, das ist originell, nur etwas warten müßt Ihr — Gobbam!" fuhr er plötzlich wild empor, indem er zugleich einen Satz vorwärts machte; „wo haben sie ein Ende genommen? Weg sind sie, weg wie'n Topsegel vor dem Teiphoon!"

„Still, steht still," ermahnte Falk, seinen Begleiter nunmehr seinerseits am Arme zurückhaltend, „dort in die Hausthür schlüpften sie hinein. Laßt uns nur die Pforte bewachen; wo sie hineingegangen sind, müssen sie doch endlich auch wieder herauskommen."

„An Euch ist ein Seemann verdorben," sagte Raft mit

wirklichem Bedauern, „habt Augen wie'n durstiger Midshipman, und berechnet die Länge wie'n alter Commodore."

So sprechend stellten sie sich im Schatten des gegenüberliegenden Hauses so auf, daß ihrer Wachsamkeit Niemand entgehen konnte, der aus der bezeichneten Thür in's Freie trat.

Mehrere Minuten verharrten sie sodann schweigend. Plötzlich schien Rast sich auf etwas zu besinnen. „Ihr seib ein Gentleman," hob er an, „was meint Ihr, wenn wir den Kreuzknoten, den wir mit einander zu lösen haben, zu gelegener Zeit aufhöben; vielleicht bis morgen an irgend einem bestimmten Orte und zu irgend einer bestimmten Stunde?"

„Der Vorschlag ist nicht übel und ganz originell," erwiderte Falk lächelnd, sich absichtlich Rast's Lieblingsausdrucks bedienend.

Freute Rast sich nun, auch einmal aus einem andern Munde, als dem eigenen, das Wort „originell" zu vernehmen, oder war sein Wohlwollen für den gefälligen, gutmüthigen Deutschen in so schnellem Wachsen begriffen, genug, nachdem er einige Male mit dem Kopfe genickt, versetzte er zögernd: „Sagen wir also übermorgen."

Hier wurde ihre Aufmerksamkeit wieder auf die Thür hingelenkt, in welcher drei Personen erschienen, die sich ziemlich laut unterhielten.

Rast stieß seinen Gefährten an, zum Zeichen, daß er seine Leute wieder erkenne. Dieselben traten ganz aus der Thür heraus, während die dritte Person, offenbar ein noch junger Mensch, in derselben zurückblieb und sie über die einzuschlagende Richtung belehrte.

Die Passagiere entfernten sich sodann mit kurzem Gruß, der junge Mann trat in's Haus zurück und man vernahm weiter nichts mehr, als den Widerhall der Tritte der Davoneilenden.

Als sie weit genug waren, um ihnen mit Sicherheit folgen

zu können, setzten Rast und sein Begleiter sich sogleich wieder in Bewegung.

Ersterer fluchte leise vor sich hin und verwünschte alle unter falscher Flagge segelnden Piraten in den tiefsten Abgrund der Hölle.

„Ich verstehe Euch nicht," bemerkte Falk freundlich, der immer größeren Gefallen an dem alten, wirklich originellen Seemanne fand.

„Und ich verstehe die verdammten Nachteulen nicht," knurrte Rast ärgerlich, „sprächen sie, statt des lumpigen Kauderwelsch, englisch, wie andere ehrliche Leute, so müßten wir jetzt ihren Cours und ihre ganze Ladung vom Spiegel bis zum Stern kennen."

„Dazu gehört nicht gerade Englisch," versetzte Falk, „sie sprachen schwedisch, und mir wenigstens ist kaum eines ihrer Worte entgangen; waren es doch die alltäglichsten Phrasen, die sie mit einander wechselten."

„Mann, Ihr versteht Schwedisch?" fragte Rast, und seine Faust fiel schwer auf Falk's Schulter, wo sie sich förmlich festkrallte.

„Ist das etwa wunderbar?"

„Verdammt! das ist originell! Habe Euch gleich den Gentleman angemerkt, als Ihr mit Euerm Bugspriet in meine Wanten liest, und Eure Spieren sich wie Enterhaken auf meinen Bord legten. Aber haltet guten Ausguck, Mann! Jetzt sollen sie uns nicht entkommen, und da Ihr die feindlichen Signale lesen könnt, so wollen wir — aber halt! was meint Ihr, wenn wir die verabredete Satisfaction noch auf eine Woche hinausschöben, ich meine — damit wir vorher gute Freundschaft schließen?"

„Ganz nach Euerm Belieben," entgegnete Falk zuvorkommenb, „Ihr seid ebenso gut ein Gentleman, wie ich, und da werdet Ihr ja wissen, was sich für unsereins geziemt."

„Sagen wir also zwei Wochen, um Keinem zu nahe zu treten," bestimmte Raft, der seine Faust jetzt schon lieber gegen sich selbst, als gegen seinen neuen Gefährten aufgehoben hätte.

„Also, Ihr habt ihre Signale gelesen?" fragte er dann nach kurzer Pause.

„Ziemlich vollständig. Denjenigen, den sie in dem Hause zu finden erwarteten, haben sie eben nicht gefunden, und da hat ihnen dessen Diener, oder wer es auch immer gewesen sein mag, mitgetheilt, wo sie die betreffende Person heute Abend noch würden sprechen können."

„Und wo ist das?" fragte der Bootsmann heftig, aber leise, denn während sie mit einander sprachen, waren sie den Schweden unabsichtlich näher gerückt.

„Wir werden gleich dort sein, wenn ich richtig verstanden habe," antwortete Falk. „Ich glaube sogar den Garten zu kennen, nach welchem sie sich hinbegeben."

Nach diesen Mittheilungen schritten sie ungefähr noch zehn Minuten lang schweigend neben einander hin, die beiden vor ihnen hereilenden Gestalten fortwährend scharf beobachtend.

Sie hatten sich allmälig dem Broadway wieder genähert, und zwar eine bedeutende Strecke oberhalb der Concerthalle, in welcher Falk schon in Werner's Gesellschaft einen Theil des Abends verbrachte.

Als sie endlich den Broadway erreichten, schienen Jansen und Rynolds zu überlegen, ob sie die Straße hinauf oder hinunter gehen sollten. Ein Vorübergehender, den sie befragten, beseitigte ihre Zweifel; denn sie wendeten sich sogleich aufwärts.

Vor einem hell erleuchteten Thorweg hielten sie an; sie lasen die in Gasflammenschrift über demselben angebrachten Worte: „Restaurations=Garten," und ohne zu zögern traten sie ein.

Falk und Rast waren unterdessen ebenfalls herangekommen, und fast in demselben Augenblick, in welchem Erstere sich durch die in Folge einer mechanischen Vorrichtung von selbst zufallende Hinterthür in den eigentlichen Garten hinausbegaben, schlichen Letztere durch die Vorderthür in das Haus.

Hier nun kamen Falk und der Bootsmann überein, daß Rast, der von den Schweden unbedingt wieder erkannt werden würde, sich im Hause verborgen halten müsse, während Falk ihnen nachfolgen und, wenn möglich, ganz in ihre Nähe zu gelangen trachten solle. —

Der Garten bildete ein längliches Viereck, an dessen drei Seiten eine Reihe kleiner Lauben herumlief, die alle so eingerichtet waren, daß in jeder derselben eine nicht allzu zahlreiche Gesellschaft einen abgesonderten Platz fand. Der ganze Raum war übrigens glänzend erleuchtet, und daß er von den in der Nachbarschaft wohnenden Leuten bei günstiger Witterung als ein Lieblingsaufenthaltsort betrachtet wurde, ging schon daraus hervor, daß die meisten Lauben besetzt waren, und außerdem noch eine Anzahl von Damen und Herren auf dem freien Platze zwischen den Laubenreihen, theils auf Bänken und Stühlen saßen, theils langsam auf und ab wandelten.

Längere Zeit spähte Falk vergeblich nach den beiden Fremden, und zweimal machte er die Runde durch den ganzen Garten, ehe er sie in einer Laube entdeckte, wo sie in eifriger Unterhaltung bei einem ältern Herrn saßen, den sie offenbar bei einer sehr üppigen Abendmahlzeit unterbrochen hatten.

Gerade als er ihrer ansichtig wurde und ihre Gesichtszüge bei dem flackernden Gaslicht genauer zu unterscheiden suchte, brachte ihnen ein Kellner eine Flasche Wein und noch zwei Gläser, ein sicheres Zeichen, daß sie, obgleich die Nacht schon vorgerückt war und einzelne Gesellschaften bereits aufbrachen, doch noch länger dort zusammen zu bleiben beabsichtigten.

Falk trat also in die nächste Laube. Er war daselbst nur einige Fuß von ihnen entfernt, und nachdem er ebenfalls Erfrischungen für sich hatte kommen lassen, legte er ein großes Notizbuch vor sich auf den Tisch, in welchem er dann, scheinbar sehr ämsig, etwas ausrechnete und niederschrieb.

Eigentlich hegte er den Plan, alle Worte, welche durch die dünne Laubwand bis zu ihm bringen würden, niederzuschreiben, um sie später mit mehr Muße in Zusammenhang zu bringen. Er traute sich nämlich nicht zu, eine in schwedischer Sprache geführte Unterhaltung genau verfolgen zu können, wenn er auch wirklich in früheren Jahren auf einer Kunstreise durch die skandinavischen Hochlande sich nothdürftig zu verständigen gelernt hatte.

Als er sich an seinem Tischchen niederließ, wurde nebenan noch englisch gesprochen, und zwar bestand die Unterhaltung aus nur oberflächlichen Mittheilungen, welche bald den Schiffbruch, bald die Ankunft in New-York, bald das Schicksal dieser und jener Person in Europa oder Amerika betrafen.

„Wir haben Mühe gehabt, das Schiff heute schon verlassen zu dürfen," sagte Rynolds endlich, auf die Geschäftsangelegenheiten übergehend; „wir boten indessen unsere ganze Beredtsamkeit auf, denn die unbestimmten Gerüchte, die uns über die Lage unserer Brüder am Salzsee zugegangen, ließen uns das Schlimmste befürchten."

„Der Krieg ist erklärt, und die Unsrigen haben die Erklärung mit gebührendem Trotz entgegengenommen," bemerkte der fremde Herr, der von den beiden anderen im Laufe des Gesprächs mehrfach Mr. Abraham genannt wurde.

„Es ist weniger der Krieg, der uns zu dem späten Besuch veranlaßte, als die bewußte Angelegenheit," versetzte Jansen mürrisch. „Meine Nichte hat beinahe seit Jahresfrist keine Nachricht von ihrer Schwester erhalten, weshalb wir durchaus ihr hier irgend eine Beruhigung über deren Ergehen verschaffen müssen. Wie ist es, habt Ihr neuerdings Briefe vom Salzsee gehabt?"

„Seid vorsichtig," sagte Rynolds in schwedischer Sprache, indem er verstohlen auf die Laube wies, in welcher der Maler saß; „man kann in diesem Lande keinem Menschen trauen; hat es uns doch nicht geringe Mühe gekostet, den groben Seemann los zu werden, welchen der alberne Schiffslieutenant auf unsere Fährte setzte.

Abraham warf einen Blick zwischen den Blättern hindurch auf Fall, zuckte verächtlich die Achseln, als er in ihm einen Deutschen erkannte, gebrauchte aber doch die Vorsicht, sich nunmehr der schwedischen Sprache zu bedienen und seine Stimme etwas zu dämpfen.

„Briefe habe ich allerdings vom Salzsee erhalten," hob er an, „aber leider keine sehr erfreulichen Nachrichten. Die Schwester hat im verwichenen Herbst aus Eifersucht, daß ihr Gatte sich mit einer zweiten Frau verheirathete, sammt ihrem Kinde die Salzsee-Stadt verlassen. Man setzte ihr nach, aber erst eine Woche später entdeckte man die untrüglichen Spuren, daß sie während eines Sandsturms in der Wüste zu Grunde gegangen und verschüttet sei.

„Mutter und Kind?" fragte Janjen auffahrend, und im Klange seiner Stimme lag eine tiefe, aber mit aller Gewalt unterdrückte Theilnahme, „Mutter und Kind? und das erfahre ich erst heute, nachdem fast ein Jahr darüber vergangen?"

„Mutter und Kind," antwortete Abraham eintönig, „und heute erfahrt Ihr es erst, weil es mir zu gewagt erschien, Euch das Unglück nach Europa zu berichten. Uebrigens erwarte ich Euch ja bereits seit sechs Monaten.

„Sehr, sehr schlimm," bemerkte Rynolds, den Kopf schüttelnd. „Was werden wir ihr sagen, wenn sie nach ihrer Schwester fragt? Sie glaubt mit Bestimmtheit hier Briefe von ihr vorzufinden."

„Das Fehlen der Briefe könnte sehr leicht durch die ausgebrochenen Feindseligkeiten erklärt werden," versetzte Abraham beruhigend, „denn wer weiß, ob sie ihre Gesinnung nicht änderte, wenn sie die Wahrheit in ihrem ganzen Umfange erführe. Noch schlimmer aber wäre es, erhielte sie eine Ahnung davon, daß sie selbst zur zweiten Frau eines der einflußreichsten und energischsten Mormonen bestimmt ist, oder daß überhaupt die Vielweiberei unzertrennlich von unserer Lehre ist."

„Es wäre thöricht, sie jetzt schon darüber aufklären zu wollen," bestätigte Rynolds, „sie wird Alles frühe genug erfahren, wenn sie am Salzsee eingetroffen ist, und sich dann leichter in das Unabänderliche fügen. Nehmt ihr aber die Sehnsucht nach ihrer Schwester, und sie weigert sich, mit Euch zu gehen. Sie besitzt überhaupt die Neigung, auf Diejenigen zu hören, die mit glatten Schmeichelworten unsere gesegnete Lehre verleumden. Ich habe ihr Benehmen dem Schiffslieutenant gegenüber sehr wohl beobachtet, und ich versichere Euch aus vollster Ueberzeugung, es ist die höchste Zeit, sie von einander zu trennen. Es ist ein großes Unglück, daß auch das Kind nicht mehr lebt. Das Auszahlen des Vermögens der Mutter an den Vater würde im entgegengesetzten Falle keine Schwierigkeiten gehabt haben" —

„Anstatt daß es jetzt der noch unverheiratheten Schwester, dem einzigen noch lebenden Mitgliede der Familie anheimfällt," fügte Jansen, noch immer tief erschüttert, den Worten seines Gefährten hinzu.

„Es ist noch zweifelhaft," bemerkte Abraham nachdenkend, „aus den Briefen, welche zu Eurer Einsicht in meiner Wohnung bereit liegen, scheint hervorzugehen, daß man Spuren entdeckte, welche darauf hindeuten, daß das Kind die Mutter, wenn auch nur auf kurze Zeit, überlebte, wodurch der Vater dennoch seine Ansprüche als rechtmäßiger Erbe seines Kindes erheben könnte."

„Sei es, wie es wolle," fiel Jansen wieder ein, „sie hat

ihre Schwester, und ich eine liebe Nichte verloren. Mag der Herr ihrer Seele gnädig sein, wenn sie als eine Abtrünnige hinüberging. Ist auch das Kind vom Verderben ereilt worden, was Gott verhüten möge, dann haben wir die größte Ursache, auf's Sorgfältigste über das Mädchen zu wachen und keine Stunde länger, als unumgänglich nothwendig ist, in New-York zu verweilen. Sie ist das letzte Erbtheil meines armen Bruders; sie soll, sie muß dem allein seligmachenden Glauben erhalten werden, um zu sühnen die Schuld ihrer als Abtrünnige dahingeschiedenen Schwester. — Selbst ihre alte Erzieherin, die sie fast keinen Augenblick aus dem Bereich ihrer Argusaugen läßt, kann getäuscht werden und der Einfluß eines Ungläubigen sich bei dem unschuldigen Kinde geltend machen, eh' wir eine Ahnung davon erhalten."

„Wann gedenkt Ihr Eure Reise fortzusetzen und auf welcher Route?" fragte Abraham, nachdem er mit nachdenkender Miene sein Glas leer getrunken und es dann wieder gefüllt hatte.

„Sobald wie möglich und auf derjenigen Route, die uns bei den jetzigen widerwärtigen politischen Verhältnissen als die sicherste empfohlen wird," antwortete Rynolds.

„Und außerdem wünschen wir geheim zu halten, wohin wir uns eigentlich wenden," fügte Jansen hinzu, denn würde es ruchbar, daß wir uns mit so bedeutenden Mitteln unseren Brüdern am Salzsee zuzugesellen beabsichtigen, so könnten uns noch von den Gentiles wer weiß was für Hindernisse in den Weg gelegt werden."

„Aber ist das Geld nicht Eigenthum Eurer Nichte, und seid Ihr Beide nicht die gesetzlichen Vormünder?" fragte Abraham.

„Das wohl," entgegnete Rynolds mit einem unzufriedenen Blick auf Jansen, dessen offene Trauer um den Tod seiner andern Nichte ihm sehr ungelegen zu kommen schien; „aber es würde den Gentiles eine besondere Freude gewähren, unsere

Schutzbefohlene bis zu ihrer Großjährigkeit zurückzubehalten und sie während dieser Zeit in eine Abtrünnige umzuwandeln. Glaubt mir, so vorbedacht und behutsam wir auch immer zu Werke gegangen sein mögen, bei der jetzigen feindlichen Stimmung gegen unser Volk wäre es ihnen ein Leichtes, Fäden zu entdecken, die ihnen bei einem gerichtlichen Verfahren den gewünschten Halt böten."

Rynolds' Worte mußten die drei Mormonen zum Nachdenken veranlaßt haben, denn sie schwiegen und schauten finster vor sich nieder. Falk's Spannung dagegen hatte allmälig einen so hohen Grad erreicht, daß er kaum die Fortsetzung des Gesprächs erwarten konnte und, wie um seine Ungeduld zu bekämpfen, las er die Worte noch einmal durch, die er mehr mechanisch, als um einen wirklichen Anhalt zu gewinnen, niedergeschrieben hatte. War ihm auch Einzelnes unverständlich geblieben, so hatte er den Sinn der Unterhaltung doch hinlänglich erfaßt, um nicht mehr zu bezweifeln, daß er einem finstern Complot auf die Spur gekommen sei, in welchem man, theils aus gefährlichem religiösem Fanatismus, theils mit der strafbarsten Gewissenlosigkeit, harmlose Menschen zu den Opfern verbrecherischer Pläne gewählt hatte.

Er saß so, daß er den Mormonen den Rücken zukehrte, und regungslos und mit angehaltenem Athem blickte er in sein Notizbuch. Da veranlaßte ihn plötzlich ein leises Geräusch zwischen den Blättern der ihm gegenüberliegenden Laubwand, aufzuschauen, und heftig schrak er zusammen, als er von dort her zwei wildglühende Augen auf sich gerichtet sah. Ein zweiter Blick überzeugte ihn indessen, daß es das vernarbte, ausgewetterte Gesicht des alten Seemanns sei, welches sich zwischen das Blätterwerk hindurchdrängte und, obgleich zur Hälfte beschattet und zur Hälfte von der unstät flackernden Gasflamme beleuchtet, einen unverkennbaren komisch fragenden Ausdruck zeigte.

Er bebte, denn er glaubte von Raft's Eifer und unbeholfenen Bewegungen Alles befürchten zu müssen. Allein geräuschloser hätte kein Marder entschlüpfen können, als der Bootsmann, sobald er die abwehrende Geberde Falk's bemerkte, sich zurückzog und sich im Hintergrunde seiner Laube gleichsam in die Dunkelheit vergrub. Die wachsende Ungeduld hatte ihm nämlich die Räumlichkeiten im Hause zu enge erscheinen lassen, und mit vieler Mühe war es ihm gelungen, von dem Gewirr der sich entfernenden Gesellschaften aus, die drei Mormonen und den Wache haltenden Künstler zu entdecken und sich demnächst in sichern Hinterhalt zu legen. —

Jansen brach endlich wieder das Schweigen.

„Welche Hülfsmittel stehen den Unsrigen zu Gebote?" fragte er, sich an Abraham wendend; „haben dieselben in letzter Zeit zugenommen?"

„Gewachsen sind sie allerdings," antwortete der Befragte, „ob sie aber genügend sein werden, den Vereinigten Staaten auf lange Jahre Widerstand zu leisten, ist mehr als zweifelhaft."

„Haben die Sendungen denn schon eingestellt werden müssen?" fragte Jansen weiter.

„Auf dem Wege durch die Prairien, ja, weil die Vereinigte Staaten-Trains dieselben förmlich überschwemmen; doch ist uns die bequemere Verbindung über Kalifornien offen geblieben, und ganz andere Mittel müßten aufgeboten werden, wollte man uns auch dort noch hindernd entgegentreten. Erst mit dem letzten Dampfboot ging eine beträchtliche Anzahl Kisten und Ballen, welche Pulver, auseinander genommene Büchsen, Revolver und Decken enthielten, unter harmlosen und sichern Signaturen nach San Francisco; noch bedeutendere Sendungen aber werden mit dem nächsten und den folgenden Dampfbooten expedirt werden."

„Waffen und Munition sind oft weniger werth, als gute handfeste Männer," bemerkte Jansen finster.

„Auch das Geschäft des Recrutirens hat seinen guten Fortgang," antwortete Abraham; „es würde noch besser gehen, wären wir nicht gezwungen, Alles so heimlich zu betreiben. Indessen verläßt kein Panama=Dampfer den hiesigen Hafen, der nicht einige Dutzend frisch angeworbener Leute an Bord hätte. Sogar der Mangel an mehr theoretisch ausgebildeten Officieren wird allmälig gedeckt werden; erst gestern glückte es mir wieder, mit zwei deutschen ehemaligen Officieren ein bindendes Uebereinkommen zu treffen."

„Die besten Officiere sind diejenigen, die ihrem Feinde auf hundert Ellen das Auge aus dem Kopfe zu schießen vermögen," warf Jansen mit geringschätziger Miene ein, „und dergleichen Officiere brauchen wir am Salzsee nicht weit zu suchen."

„Und dennoch gebrauchen wir Leute, die mit den strategischen Bewegungen geschlossener Truppenmassen vertraut sind und unsere Artilleristen einschulen," entgegnete Abraham.

„Was sind strategische Bewegungen?" fragte Jansen ungeduldig. „Wir besetzen die Engpässe und schießen Jeden nieder, der sich nähert — aber sagt, wie steht es mit den Eingeborenen?"

„Nach den neuesten Nachrichten dürfen wir auf alle Stämme der Utahs rechnen, ferner auf die Bannaks, die Nez=perces, die Schlangen= und die Kräheninbianer, und dann ist endlich noch Aussicht vorhanden, die kräftigen Stämme der im Colorado=Thale lebenden Eingeborenen für unsere Sache zu gewinnen. Einige derselben haben sich wenigstens schon taufen lassen."

„Lauter Hülfstruppen, die nur an Rauben und Morden denken," bemerkte Rynolds zweifelnd.

„Das ist Alles, was wir von ihnen verlangen," entgegnete Jansen, und seine sonst so ernste Physiognomie erhielt durch den erwachenden Fanatismus einen unheimlich wilden Ausdruck. „Laßt sie morden und die Reihen der Gentiles lichten, laßt sie rauben, so viel sie wollen, denn der Sold, welchen sie von uns beziehen, wird sich nicht sehr hoch belaufen."

Hier gerieth die Unterhaltung wieder in's Stocken. Jansen und Abraham schauten nachdenkend vor sich nieder, während Rynolds den Zeigefinger der rechten Hand mit dem verschütteten Wein befeuchtete und einige mathematische Figuren auf den Tisch zeichnete, dabei aber heimlich mit Schlangenblicken Jansen's Mienenspiel bewachte.

Im Garten war es allmälig stiller geworden. Nur noch hin und wieder bemerkte man eine erleuchtete Laube, oder Gruppen von Männern, die mit lallender Zunge Abschied von einander nahmen, und dann zu zweien oder dreien, Arm in Arm, singend und lachend dem Ausgange zuschwankten.

Der Aufbruch der letzten Gäste mochte die Mormonen daran erinnern, daß es schon spät sei, denn Jansen fuhr plötzlich, wie aus einem Traume erwachend, empor, und sich an Abraham wendend, fragte er, ob in der Nähe ein Gasthaus sei, in welchem sie übernachten könnten.

„Gasthäuser befinden sich allerdings in der Nähe," antwortete dieser, „allein ich habe darauf gerechnet, daß Ihr bei mir Wohnung nehmt. Schon seit drei Wochen sind die für Euch bestimmten Gemächer hergerichtet und die Betten aufgeschlagen."

„Um so besser," sagte Jansen, indem er sich erhob, „wir werden dort unsere Verhandlungen ungestört fortsetzen können. Auch möchte ich die Papiere, welche sich auf das Vermögen meiner Nichten beziehen, so wie die Wechsel bei Euch niederlegen. Aber wie ist es?" fragte er im Ausgange der Laube kurz stehen bleibend, „werden die Frauen ebenfalls bei Euch ein Unterkommen finden?"

„Die Frauen vor allen Dingen," antwortete Abraham; „sie finden in meinem Hause vielleicht nicht alle gewohnten Bequemlichkeiten, da Ihr aber selbst den Wunsch aussprecht, sie mit anderen Menschen nicht in Berührung kommen zu lassen, so denke ich —"

„Gewiß, gewiß," versetzten Jansen und Rynolds gleichzeitig, „wir erkennen Eure Vorsorge dankbar an," und indem sie noch sprachen, gingen sie an der Laube vorüber, in welcher Falk über sein Notizbuch geneigt saß.

Alle Drei blickten zu ihm hinein, allein nicht der leiseste Argwohn beschlich sie, als sie den einfachen Deutschen so versunken in seine Berechnungen sahen.

Falk fühlte gleichsam den Druck ihrer Blicke, und das Blut stieg ihm bis zu den Schläfen hinauf, indem er bedachte, daß er eine so klare Einsicht in ihr feindseliges Gewebe gewonnen. Er gerieth in Versuchung, zu ihnen emporzuschauen, um ihre Physiognomien seinem Gedächtniß einzuprägen, stand aber davon ab, weil es ihm war, als hätten sie seine Gefühle aus seinen Augen herauslesen müssen.

Gleich darauf bewegten sie sich an der Laube vorüber, in welcher Rast sich verborgen hatte. Sie beachteten dieselbe nicht, es brannte ja kein Licht hinter den dicht berankten Gittern, und mit eilfertigen Bewegungen, jedoch schweigend, begaben sie sich nach dem Durchgang des Hauses. Kaum war indessen die Thür hinter ihnen zugefallen, da glitt Rast zu Falk hinein und legte seine Hand schwer auf dessen Schulter.

„Mann!" rief er dringend aus, und die Narbe in seinem Gesicht glühte förmlich vor innerer Aufregung; „sie sind fort, und Ihr liegt hier so ruhig vor Anker, wie 'n Leuchtschiff über 'ner Untiefe? Fort, sage ich Euch, fort, geschwinde laßt uns folgen, so lange ihr Fahrwasser noch Schaum und Strudel zeigt, oder Ihr mögt sie ebenso gut zwischen den Bahama=Inseln suchen!"

Falk schaute lächelnd zu dem eifrigen alten Seemann empor.

„Vor allen Dingen setzt Euch und helft mir den Rest dieser Flasche austrinken," sagte er, etwas zur Seite rückend.

„Gobbam Euern Wein!" entgegnete Rast, und machte Miene, den Mormonen allein nachzusetzen. „Es sind jetzt ihrer Drei, also um so mehr Grund, sie nicht aus Sicht zu verlieren!"

„Beruhigt Euch und setzt Euch nieder," erwiderte Falk in so überzeugender Weise, daß Rast seiner Aufforderung mechanisch Folge leistete. „Ich weiß, wo sie ihr Quartier aufgeschlagen haben, wohin sie aber gegangen sind, dahin vermögen wir ihnen nicht nachzufolgen. Aber trinkt erst, und dann wollen wir weiter sprechen."

Rast stieß einen verdrießlichen grunzenden Ton aus, nahm das dargebotene volle Glas, und nachdem er es in einem Zuge geleert, schaute er fragend auf seinen neuen Freund.

„Ihr seid von Jemand beauftragt, auszukundschaften, wohin die beiden schwedischen Mormonen sich begeben würden."

„Aie Aie, Herr."

„Gut, und zwar von Jemand, den bei seinen Nachforschungen weniger das allgemeine Interesse, als das Privatinteresse leitet."

„Verdammt! wenn Ihr meint, daß ich mich augenblicklich nicht im Dienste des Leoparden befinde, so habt Ihr recht."

„Gut; jetzt bin ich aber im Zweifel, ob es demjenigen, der Euch entsendete, ebenfalls recht sein wird, wenn ich das, was ich hier erlauschte, und ich habe sehr Wichtiges vernommen, auch noch einer dritten Person mittheile."

„Gobbam! Habe Dickie auf meinen Armen getragen, als er noch nicht lange vom Stapel gelaufen war; ich streiche die Flagge vor Eurer Schulgelehrsamkeit, aber hängen will ich mich lassen, wenn Dickie Weatherton jemals ein Geheimniß vor mir hatte! Das ist originell!"

„Alle Achtung vor Eurer Person und vor Euerm Charakter,

aber wenn ich wirklich Euch zum Ueberbringer der betreffenden Nachrichten wählte, so würdet Ihr, und wäret Ihr ein Professor, nicht Alles so wiedererzählen können, wie ich es Euch vorsage und wie ich es selbst gehört habe."

„Professor?" rief der Bootsmann unangenehm berührt aus, und zugleich zischte ein brauner Strahl zwischen seinen Zähnen hindurch nach der andern Seite der Laube hinüber. „Professor? hätte eines andern Mannes Sohn sein müssen, um ein Professor zu werden! Aber Ihr habt recht, könnte die Signale ver= wechseln; werde Euch in's Schlepptau nehmen, sollt noch in dieser Nacht an Bord des Leoparden kommen und mögt Dickie dann selbst Eure Meldung machen, das heißt Weatherton, dem ersten Lieutenant. Bei Gott!" unterbrach er sich plötzlich selbst, „hole eben in Gedanken Alles über, was Ihr gesprochen, und denke, Ihr müßt durchaus ein Gentleman sein; ich sagte doch wohl von einem Aufschub von zwei Monaten für das Ordnen un= serer persönlichen Differenzen?"

„Allerdings sagtet Ihr das," entgegnete Falk, den die Art, in welcher sich des Seemanns wachsende freundliche Gesinnung äußerte, ungemein ergötzte.

„Gut denn, brechen wir auf," versetzte Rast, sich erhebend, „den Jungens wird die Zeit lang geworden sein, sind aber nicht dumm genug, die halbe Nacht ohne einen Tropfen Nasses Wache zu halten."

„Noch einen Augenblick," bat Falk, indem er den letzten Rest aus der Flasche in das einzige Glas schänkte und dieses dann dem Seemann hinschob, „trinkt noch einmal, eh' wir scheiden," fuhr er fort, ohne Rast's Ueberraschung zu beachten, „denn mit an Bord kann ich nicht gehen."

„Was? Ihr wollt nicht mit?" fragte Rast ungläubig.

„Nein, ich darf nicht; still, still, unterbrecht mich nicht, bis ich ausgesprochen habe; ich weiß, Ihr wollt sagen, daß wenn ich in Eurer Begleitung komme, mir Niemand an Bord des Leoparden den Weg vertreten wird, allein so war es nicht gemeint. Aus Euern Mittheilungen geht hervor, daß die Mormonen wieder zu Euch zurückkehren."

„Ganz gewiß, sie müßten denn gerade die beiden Ladies dem Leoparden vermachen."

„Was sie aber ganz gewiß nicht thun werden," ergänzte Falk. „Es wäre also doch eine Möglichkeit, daß ich mit ihnen zusammenträfe. Da sie mich aber so genau betrachteten, als sie an dieser Laube vorbeigingen, so muß ich befürchten, von ihnen wiedererkannt zu werden, und nur ein leiser Verdacht dürfte die Ursache werden, daß die ganze Gesellschaft plötzlich und geheimnißvoll aus unserm Gesichtskreise verschwände."

Rast sah das Richtige dieser Bemerkung ein und kratzte sich verlegen mit beiden Händen hinter den Ohren. Endlich, wie um sich Rath zu verschaffen, ergriff er das Glas Wein, und mit einer blitzschnellen Bewegung stürzte er den Inhalt in seine Kehle hinab.

„Um also dieses unwillkommene Verschwinden zu verhüten," fuhr Falk fort, während er ein weißes Blatt aus seiner Brieftasche riß und einige Worte auf dasselbe schrieb, „gebe ich Euch hier meine Adresse, welche Ihr Euerm Dickie oder Lieutenant Weatherton pünktlich einhändigen werdet. Sagt ihm dabei, daß ich morgen den ganzen Nachmittag für ihn zu Hause sei, und daß er kommen möge, um meine Bilder in Augenschein zu nehmen; ich bin nämlich Maler."

„Verzeihung, Herr," versetzte Rast, seinen Hut vorschriftsmäßig lüftend, „da Ihr ein Künstler seid, so malt Ihr vielleicht auch Kriegsschiffe und Seeschlachten. Könnte Euch manchen guten Rath ertheilen, von wegen Segel und Takelage; das ist originell! Habe nämlich bei meinem früheren Kreuzen im Broadway und in anderen Städten in den Schaufenstern noch kein einziges Bild mit einem seegerechten Fahrzeug gesehen. Müssen von Weibern gemalt gewesen sein: Stückpforten zu hoch, Masten falsch gerichtet, viel zu wenig Tauwerk und von dem, was da war, nichts am rechten Ort —"

„Auch Proben von Seestücken besitze ich," unterbrach Falk den Bootsmann, der plötzlich ungewöhnlich gesprächig geworden war, „und wenn Euer Dickie Euch mitbringen will, so soll es mir sehr angenehm sein."

„Das ist originell, Herr! Bei Gott, Herr! Seid ein Gentleman, Herr!" rief der Bootsmann entzückt aus, indem er Falk's schmale weiße Hand, wie um sie zu zermalmen, in seiner knochigen Faust drückte; „aber fällt mir ein, Herr," fuhr er eifrig fort, den Maler, der schon aufgestanden war, zurückhaltend, „s' liegt mir wie 'ne Ladung Ballast auf der Seele, nämlich meine Faust und Eure Augen. Sagte ich doch von zwei Monaten, will aber einen Vorschlag machen; ich streiche die Flagge und trage die Unkosten, habe ich doch Euch, und nicht Ihr mich angesegelt!"

„Einverstanden von ganzem Herzen!" erwiderte Falk, nun seinerseits der alten gewissenhaften Theerjacke die Hand drückend; und nachdem er sodann seine Zeche an einen herbeieilenden Aufwärter bezahlt, ging er Arm in Arm mit Rast durch das Haus auf die nunmehr schon leer gewordene Straße hinaus.

Gleich vor der Thür trennten sie sich, Rast, um zu der seiner harrenden Jolle zurückzukehren, Falk, um sich auf den Heimweg nach seiner, fast auf dem andern Ende der Stadt gelegenen Wohnung zu begeben. Es war noch ein weiter Weg, der vor ihm lag, allein derselbe erschien ihm in dieser Nacht so kurz, wie noch nie. Die Erlebnisse der letzten Stunden beschäftigten unablässig seinen Geist; er war plötzlich, und ohne es zu ahnen oder zu wollen, in eine geheimnißvolle, abenteuerliche Geschichte verwickelt worden, deren Ende und Tragweite gar nicht abzusehen war. Doch indem vor seiner Seele die phantastischsten Bilder auftauchten, wuchs auch seine Theilnahme für die ihm noch unbekannten, augenscheinlich bedrohten Personen.

5.
An Bord des Leoparden.

Während in der Matrosenschänke Jim Rast die Gesellschaft mit der Schilderung des Unterganges der schwedischen Brigg unterhielt und demnächst den beiden Mormonen nachspähte, saßen auf dem Quarterdeck des Leoparden Hertha Jansen und Demoiselle Corbillon, deren Erzieherin, in vollen Zügen den zauberischen Abend genießend, der sich mit der, jenem Himmelsstriche eigenthümlichen, milden Frische auf den Hafen und die Stadt senkte.

Verschieden, wie die Empfindungen sein mochten, welche die theils liebliche, theils großartige weitere Umgebung in den Seelen der beiden Auswanderinnen erweckte, war auch ihre äußere Erscheinung. Sie bildeten in der That einen seltsamen Contrast zu einander, der um so krasser und hervortretender wurde, je länger man die beiden dicht neben einander sitzenden Gestalten betrachtete. Ja, man gelangte dabei unwillkürlich zu der sehr nahe liegenden Vermuthung, daß das Geschick sie mit der neckischen Absicht zusammengeführt habe, die Vorzüge der einen dadurch in ein helleres Licht zu stellen, die Mängel der andern dagegen in gleichem Grade hervorzuheben.

Schönheit, gepaart mit holder Anmuth, ist ein freundliches Geschenk der Natur; diesen Vorzügen aber einen entsprechenden

Ausdruck zu verleihen, ist die Aufgabe Desjenigen, dem diese Vorzüge zu Theil wurden. Dem Einen wird diese Aufgabe rleicht und er löst sie unbewußt, indem er nur den eblen Regungen eines reinen Herzens zu folgen braucht, während es dem Andern erst nach harten Kämpfen und sorgfältiger Selbstüberwachung gelingt, im Ausdruck und in der Handlungsweise die Veredlung des Charakters erkennbar zu machen und in Einklang mit der äußern Bevorzugung zu bringen.

Eben so vermag auch da, wo die Natur den äußern Menschen vernachlässigte, die Seele ihre Hülle in eine gewinnende, mit zauberischem Reiz. umflossene umzuwandeln. Wo aber darnach getrachtet wird, die willkommenen, jedoch flüchtigen Gaben der Natur nur durch äußere Kunstmittel glänzender zu entfalten und ihnen eine längere Dauer zu verschaffen, oder gar unverschuldet anheimgefallene Mängel n u r durch uneble Nachhülfe zu verdecken und zu verschönen, da entsteht auf der einen Seite höchstens eine in sinneberauschende gefällige Formen verkleidete Häßlichkeit, auf der andern dagegen ein lächerliches Gebilde. —

Die beiden größten, in Obigem ausgesprochenen Gegensätze waren also verwirklicht in Hertha Jansen und ihrer Gouvernante.

Hertha, ein junges Mädchen von kaum siebenzehn Jahren, zeigte nämlich das entzückende Bild unschuldvoller, eben erschlossener Jungfräulichkeit, die, auf der äußersten Gränze des Kindesalters angelangt, schüchtern und befangen über jene Gränze hinüberblickt.

Ihre Gesichtszüge hatten nur edle Formen und Linien, dabei jene üppige Fülle und Zartheit, wie sie gewöhnlich nur der zartesten Jugend eigenthümlich; doch vermißte man den Ausdruck schalkhafter Fröhlichkeit, der so häufig aus den Kinderjahren, auf längere oder kürzere Zeit, mit in das reifere Alter hinübergenommen wird.

Ihre großen blauen Augen besaßen etwas Schwärmerisches,

man hätte sagen mögen, Schwermüthiges; wenn sie aber lächelte, dann war es, als ob ein Sonnenblick das ganze liebliche Antlitz erhelle und noch nie ein schmerzlicher, ernster Gedanke hinter demselben gewohnt habe. Es war das Lächeln eines Kindes, ein inniges, glückliches Lächeln, welches man auf ewig hätte festbannen mögen; und doch war sie auch wieder so schön, wenn sinniger Ernst auf der reinen Stirn thronte und jene wunderbare Schwärmerei aus ihren Augen strahlte.

Die hellblonden Haare, welche sich in dichten Flechten an ihre blaugeaderten Schläfen schmiegten, hatte sie am Hinterkopf nachlässig in einen Knoten verschlungen, und kein anderer Schmuck umgab das edel geformte Haupt, als eben die wellenförmig geträuselten, seidenähnlichen Haare, welche von einer schwarzen Sammetschleife zusammengehalten wurden.

Wie sich nun in dem ganzen Aeußern der lieblichen Erscheinung, in ihrer Haltung, wie in ihren Bewegungen eine gewisse anspruchslose Bescheidenheit bekundete, so verrieth sich dieselbe nicht minder in ihrem Anzug. Ein einfaches Kleid von schwarzem wollenem Stoff, welches an den Oberkörper eng und züchtig anschloß, umgab die hohe tadellose Gestalt, und wenn irgend etwas auf Reichthum deutete, so war es vielleicht nur das mit den feinsten Spitzen eingefaßte weiße Tuch, welches lose um den weißen Hals geschlungen war, oder die blitzende Busennadel, von welcher an einer kunstvoll gearbeiteten Kette ein kleines goldenes Medaillon bis auf die schlanke Taille niederhing.

Ganz entgegengesetzt nahm sich dagegen Demoiselle Corbillon aus, eine hagere Französin, mit kleinen, lebhaften braunen Augen und scharfen Zügen, deren Alter in den unbestimmten Zeitraum zwischen fünfunddreißig und fünfundvierzig fiel, aber, allem Anschein nach, letzterer Zahl näher wie der ersteren sein mußte. Ihre Haltung war gerade und steif, wie die eines radschlagenden Pfauen, mit welchem ihr, betrachtete man den farbenreichen Ueberfluß an seidenen Gewändern, Schleifen, Halsketten, Armspangen und sonstigen Schmuckgegenständen, eine große Aehnlichkeit nicht abgesprochen werden konnte. Ueberhaupt zeichnete sie sich durch eine geschmacklose Ueberladung von allen möglichen zur Toilette gehörenden Kleinigkeiten aus, die offenbar den größten Theil ihrer ganzen irdischen Habe bildeten, wie Hertha gerade durch ihre sinnige Einfachheit angenehm berührte. Sie mußte einst, in der Blüthe ihrer Jugend, nicht ohne Reize gewesen sein; allein die langjährige Gewohnheit, dieselben zur Schau zu tragen und durch auffallende Stoffe und den ebenso auffallenden Schnitt ihrer Kleider Aufsehen zu erregen, wie auch die ohnmächtigen Versuche, dem zerstörenden Einfluß der Zeit siegreich zu begegnen und unwiederbringlich Verlorenes durch Kunst zu ersetzen, hatten ihrem ganzen Wesen etwas so Geziertes und Gezwungenes verliehen, daß man bei ihrem Anblick nicht wußte, ob man mehr Widerwillen empfinden, oder mehr dem Lachreiz Folge geben sollte.

Daß sie einem so jungen, unschuldvollen Mädchen zur Begleiterin und Lehrerin beigegeben worden war, ließ sich vielleicht nur durch ihre Kenntniß der französischen und englischen Sprache erklären. Und dennoch würden Hertha's Eltern, hätten dieselben noch gelebt, um eine Entscheidung zu treffen, jedenfalls gezögert haben, ihre Tochter der Leitung einer Person anzuvertrauen, deren Einfluß auf ein junges unverdorbenes Gemüth sich nur zu leicht als gefährlich und verderblich ausweisen konnte.

Demoiselle Corbillon's Einfluß auf Hertha war indessen ganz entgegengesetzt dem gewesen, welchen ein klarblickender und überlegender Freund des heranwachsenden Kindes vielleicht zu befürchten sich bewogen gefunden hätte.

Das junge Mädchen hatte mit Eifer und Leichtigkeit gelernt, was die Erzieherin zu lehren vermochte, war aber im Uebrigen ganz den eigenen Neigungen gefolgt und allmälig zu einer lieb=

lichen, mit allen Vorzügen des Herzens und der Seele begabten Jungfrau herangereift. Daß Demoiselle Corbillon ihre Schutzbefohlene beständig wie ein Kind behandelte und, um sie nicht neben sich selbst als erwachsen hinzustellen, weniger auf Beobachtung der im geselligen Verkehr von ihr für maßgebend erachteten Formen drang, mochte ein Glück gewesen sein; dafür aber war es um so leichter geworden, das harmlose Kind der neuen Lehre des Mormonenthums in die Arme zu führen, wie es kurz vorher schon mit ihrer einzigen, nach dem Salzsee übergesiedelten und dort verheiratheten Schwester geschehen, und worin Demoiselle Corbillon ihr mit gutem Beispiel vorangegangen war.

Der gänzliche Mangel an näher stehenden Verwandten und Freundinnen, und die Abgeschiedenheit, in welcher sie auf der Besitzung ihres verstorbenen Vaters gelebt hatte, waren Ursache, daß sie sich mit voller Hingebung der neuen Lehre, so weit man für rathsam gehalten, ihr dieselbe zu erklären, zuwandte und in ihr das zu finden meinte, was ihr in allen Lagen des Lebens eine sichere und treue Stütze gewähren würde. Die etwas exaltirten Briefe ihrer Schwester, die ihr vom Salzsee aus zugegangen waren, die ernsten Gespräche mit dem fanatischen Bruder ihres Vaters und dem listigen und berechnenden Vormunde, die Beide schon den amerikanischen Continent auf kurze Zeit besucht hatten, ferner deren Schilderungen der Verfolgungen, welche die Mormonen seit der ersten Gründung ihrer Kirche erduldet, befestigten sie in ihrem Glauben und boten ihrem regen Geiste reichen Stoff zum Nachdenken. Sie betrachtete sich selbst schon mit als eine Märtyrin der neuen geläuterten Lehre, und es gehörte endlich nicht viel Ueberredung dazu, sie zu dem Entschluß zu veranlassen: nach Verkauf des ihr und ihrer Schwester zugefallenen sehr beträchtlichen Erbtheils, sich der Gemeinde der „Heiligen der letzten Tage" am Salzsee zuzugesellen, in deren ungestörtem Verkehr sie das irdische Paradies zu finden erwartete. — Die Sonne berührte eben die höchsten Giebel einiger Häuser, und wie eine blutrothe Scheibe lugte sie durch den über der Weltstadt lagernden Steinkohlendunst zu dem Leoparden hinüber. Hertha war versunken im Anschauen der lieblichen, wechselvollen Einfassung des umfangreichen Hafenbeckens, während Demoiselle Corbillon ihre stechend lebhaften Blicke mit einem Ausdruck erwartungsvoller Neugier bald auf die verworrenen Häusermassen richtete, bald auf den mit der Reinigung des Verdecks beschäftigten Seeleuten rasten ließ.

Ein tiefer Seufzer Hertha's veranlaßte die Gouvernante, sich ihrer Pflegebefohlenen zuzuwenden, und ein mitleidiges Lächeln umspielte ihre schmalen Lippen, als sie in deren Augen Thränen gewahrte, die nach ihrer Ansicht nur in einer kindischen Furcht ihren Ursprung haben konnten.

„Ist das die Freude, welche Du bei der Ankunft im sichern Hafen, nach glücklich überstandener gefahrvoller Seereise äußerst, mein Kind?" fragte sie nach kurzem Sinnen, indem sie ihre Stirn in ernste Falten legte. „Ich erwartete, Dich von Glück erfüllt zu sehen, daß wir uns dem gelobten Lande und der friedlichen Gemeinde unserer Brüder und Schwestern schon wieder um einen so bedeutenden Schritt genähert haben."

Hertha war bei der Anrede ihrer Gouvernante emporgeschreckt. Ein ganz leises Lächeln glitt über ihr schönes Antlitz, um gleich darauf einem tiefen enthusiastischen Ausdruck zu weichen.

„Gewiß, meine liebe Corbillon, erfüllt mich die reinste Freude, mich unserm gemeinsamen heiligen Ziel wieder um so viel genähert zu haben, und wenn Sie anders von mir denken, so haben Sie die Thränen, die mir unwillkürlich in die Augen drangen, falsch gedeutet. Thränen sind nicht immer Kinder des

Schmerzes, und diejenigen, welche ich eben unbewußt weinte, galten der Allmacht Gottes, die so viel wunderbar Schönes zu schaffen und auf einem verhältnißmäßig so kleinen Raum, ohne das Gleichgewicht und Ebenmaß zu beeinträchtigen, zusammenzudrängen vermochte. O, was haben wir in den letzten Monaten gesehen! Den Ocean, bald in feierlicher, erhabener Ruhe, wie das Bild der Ewigkeit, bald sturmbewegt und wild empört, als wolle er den schwachen Sterblichen mit Gewalt zur Verehrung seines Schöpfers zwingen. Dann wieder hier die lieblichen meerumspülten Landschaften mit dem heitern Grün der lachenden Fluren und Haine, aus welchen die reizenden Villas so zauberisch emportauchen."

„Vorwärts richte Deine Blicke, mein Kind," entgegnete Demoiselle Corbillon mit einer theatralischen Handbewegung gegen Westen, wo der letzte Rest der geröteten Sonnenscheibe zwischen den rauchenden Häuserhaufen wie ein wunderbares Meteor glühte und leuchtete und purpurne Strahlen bis zum Zenith hinauf sendete.

„Ja, der Sonnenuntergang ist prachtvoll," versetzte Hertha, mit den Augen der angedeuteten Richtung folgend.

„Nicht den Sonnenuntergang meine ich dieses Mal," unterbrach die Gouvernante das junge Mädchen, wobei sie den Mißmuth, den sie über dessen Enthusiasmus empfand, nicht verhehlte. „Ich wollte Deine Gedanken dahin lenken, wo unsere Heimath, das gelobte Land, liegt. Auch dort geht die Sonne unter, und zwar prachtvoller und majestätischer, als hier für die Gentiles. Deine Bewunderung wird reiner, edler sein in der Mitte der Heiligen der letzten Tage, und deshalb sagte ich: Vorwärts richte die Blicke, und nicht zurück auf das ewige Sodom und Gemorrha"

„Warum sollte die Sonne sich vor den Ungläubigen in geringerem Glanze zeigen, als vor den Gläubigen?" fragte Hertha mit einem leisen Vorwurf im Ton ihrer Stimme. „Ich bin dankbar für die Offenbarungen, welche uns durch unsere Propheten zu Theil geworden, ohne Denjenigen zu zürnen, welchen die neue Lehre bis jetzt fremd blieb. Auch glaube ich nicht, daß der Mormonismus dergleichen gebietet, bis jetzt wenigstens weiß ich nur, daß die Nächstenliebe mit zu seinen Hauptgeboten gehört. Und wären die Gentiles nicht gewesen," fuhr sie hocherröthend fort, denn indem sie auf die auf dem Vordertheil des Schiffes beschäftigten Seeleute wies, hatten ihre Blicke die hohe, kräftige Gestalt des Lieutenant Weatherton gestreift, „ja, dann — dann lägen wir jetzt auf dem Boden des Meeres gebettet."

„Und dennoch bleiben es Ungläubige," versetzte Demoiselle Corbillon, den Kopf verächtlich zurückwerfend, denn das Erröthen des jungen Mädchens war ihr nicht entgangen, wie sie auch den Grund desselben ahnte. „Hier strecken sie den Bekennern der geläuterten Lehre hülfreich die Hand entgegen, um sie an einer andern Stelle dafür mit doppelt durchdachter Bosheit zu verfolgen. Wer weiß, ob sie sich herbeigelassen hätten, uns Rettung zu bringen, wäre es ihnen bekannt gewesen, daß die Mehrzahl der Passagiere Mormonen seien —"

„Nicht doch," unterbrach Hertha, mit sonst an ihr nicht gewöhnlicher Heftigkeit, ihre Gouvernante, „sie sind uns beigesprungen, weil wir Menschen waren, die am Rande des Verderbens standen, ohne zu fragen, wer wir seien und woher wir gekommen, wie es nicht nur einem Christen und Mormonen, sondern sogar auch einem Heiden geziemt —"

„Und dennoch bieten sie jetzt Alles auf, um unsere heilige Gemeinde zu vernichten, wie sie einst den Tempel in Nauvoo zerstörten. Das Wachsen unserer Gemeinde flößt ihnen Besorgniß ein; sie fürchten den großen Anhang, welchen unsere Propheten unter allen Völkern gewinnen, und sehen in Gedanken schon das Mormonenthum über den ganzen Erdball verbreitet, als die allein seligmachende und regierende Religion; und deshalb, mein liebes Kind, gerade deshalb wünschen sie, das üppig wuchernde, wahre Wort Gottes im Keime zu ersticken."

„Der Ausbruch eines Krieges kann freilich nicht mehr fortgeläugnet werden," sagte Hertha traurig, „allein ich hoffe noch immer mit Zuversicht, daß unsere Feinde in sich gehen und die in frommer Ueberzeugung dargereichte Hand nicht zurückweisen. Es wäre zu grausam; nein, Gott kann es nicht wollen, daß unsere Gemeinde von Neuem verfolgt werde, und zwar nur, weil die Bekenner unseres Glaubens jetzt schon nach vielen Tausenden zählen; unser Wachsthum ist doch kein Verbrechen!"

„Und dennoch geschieht es nur deshalb," eiferte Demoiselle Corbillon, und der Zorn färbte ihre sonst so bleichen Züge dunkelroth; „sie räumen den wahren Grund indessen nicht ein, und bedienen sich des Vorwandes, daß unsere heiligen Gebräuche, die schon zu der Patriarchen Zeiten geheiligt waren, gegen die Gesittung verstießen und deshalb nicht geduldet werden dürften. Sie wollen uns zwingen, den in unserm Glaubensbekenntniß enthaltenen Hauptvorschriften zu entsagen, weil durch dieselben eine gewisse Gleichheit hergestellt wird, und nicht mehr die mit irdischen Glücksgütern gesegneten Menschen allein die wahren, von Gott selbst eingesetzten irdischen Freuden genießen!"

„Unsere Gebräuche?" fragte Hertha befremdet, indem sie ihre großen unschuldvollen Augen auf ihre erbitterte Gefährtin heftete; „welche unserer Gebräuche sind es denn, die aus den Patriarchenzeiten herstammen und in so hohem Widerspruch zu allen übrigen christlichen Gebräuchen stehen, daß sie auf solche Weise angefeindet werden dürften?"

Demoiselle Corbillon biß sich auf die schmalen Lippen. Sie fühlte, daß sie im Eifer zu weit gegangen war und einen Gegenstand berührt hatte, der sie selbst zwar vorzugsweise dazu bestimmte, der neuen Lehre zu huldigen, aber auf alle Fälle den Ohren des jungen Mädchens fern gehalten werden mußte. Diese

Entdeckung rief eine solche Verlegenheit bei ihr hervor, daß sie im ersten Augenblick gar nicht wußte, wie sie die Frage beantworten sollte, und deshalb, um ihre Verwirrung zu verbergen, sich abwendete.

„Wenn ich von Gebräuchen sprach," sagte sie endlich nach einer längeren Pause, „so bezog ich mich auf die Ceremonien des Taufens, ferner auf die patriarchalische Art der Gottesverehrung und auf die Stellung unserer Propheten, welche, zugleich religiöse und politische Oberhäupter unserer Gemeinde, für die vollständige Gleichberechtigung aller Mitglieder, der Armen wie der Reichen, einstehen. Wir sollen ja eine einzige große Gemeinde von Brüdern und Schwestern bilden."

„Und dies erscheint in den Augen der Gentiles so gefährlich, daß sie für nöthig halten, unser armes Volk mit Krieg zu überziehen und uns auf gehässige Art zu verfolgen?" fragte Hertha zweifelnd. „Ich kann es mir nicht erklären, denn auch unter ihnen giebt es edeldenkende Menschen, denen man, ich bin davon überzeugt, nur die Reinheit unserer Lehre auseinanderzusetzen brauchte, um sie nicht nur duldsam zu stimmen, sondern sie auch in unsere Freunde umzuwandeln, die bereitwillig ihre ganze Beredtsamkeit aufbieten würden, das Unheil von uns abzuwenden und Blutvergießen zu verhüten. O, meine liebe Corbillon, der Mormonismus lehrt eine unerschütterliche Zuversicht in Gott, und es wäre sündhaft, an seiner Barmherzigkeit und der Erhörung unserer innigen Gebete zu zweifeln."

„Denjenigen, mein Kind, welche Du edeldenkende Menschen nennst, und die als unsere Vertheidiger auftreten möchten, wird man keinen Glauben beimessen," erwiderte die Gouvernante mit einer energischen Handbewegung, und ihre Blicke suchten verstohlen Weatherton's hervorragende Gestalt; „man wird in ihnen gefährliche und verächtliche Mormonen entdecken, bei denen es nur eines geringen Anstoßes bedarf, mit ihren Gesinnungen offen vorzutreten und sich taufen zu lassen. Wie würde es mich beglücken, und wie würde meine Hoffnung auf das ewige Leben sich befestigen, gelänge es mir, unserer Kirche, wenn auch nur einen einzigen Proselyten zuzuführen!" rief sie aus, und wiederum hefteten sich ihre Blicke flüchtig auf Weatherton, wobei ein tiefer Seufzer sich ihrer Brust entrang.

„Ich möchte der ganzen Welt verkünden, aus vollem, überfließendem Herzen verkünden, wie mit der Lehre des Mormonenthums der wahre Seelenfriede in meine Brust eingezogen ist," versetzte Hertha mit frommer Begeisterung, „ich möchte ihr verkünden, wie der Glaube in den Stunden der Gefahr mir eine feste Stütze gewährte, und wie er mich jetzt übersehen läßt die Beschwerden und Entbehrungen, die meiner vielleicht noch harren, eh' ich wirklich in unsere heilige Stadt am Salzsee einziehe und dort meine Schwester wieder an mein Herz schließe; aber zu einer Aufgabe, wie Sie sich eine solche wünschen, fühle ich mich zu schwach. Ich halte es für den schönen Beruf des Mannes, zu lehren und zu überzeugen —"

Hier wurde die junge Schwärmerin unterbrochen, indem auf der nach dem Quarterdeck hinaufführenden Treppe die festen Schritte eines Mannes hörbar wurden und gleich darauf Weatherton, höflich grüßend, vor die beiden Damen hintrat.

Hertha's liebliches Antlitz, welches noch vor innerer Erregung glühte, erhellte sich zu einem freundlichen Willkomm; sogar aus den scharfen Zügen der Gouvernante wich der strenge Ausdruck, als sie des stattlichen Seemanns Gruß durch ein vornehm zurückhaltendes Neigen ihres mit Schleifen und Blumen phantastisch geschmückten Hauptes erwiderte.

Lieutenant Weatherton war aber auch eine Erscheinung, welche diese rücksichtsvolle Beachtung wohl verdiente, und Jim Raft, sein erster Lehrmeister, hatte nicht zu viel gesagt, als er behauptete, daß Richard oder Dickie Weatherton ihm selbst und seinem Vater alle Ehre mache.

Sein Gesicht trug zwar nichts von jener Schönheit, welche an ein verweichlichtes Geschlecht erinnert, dagegen lag in demselben ein so fester männlicher Ausdruck und eine solche Achtung gebietende Entschlossenheit, daß man ihn nicht ansehen konnte, ohne freundliche Theilnahme für ihn zu empfinden. Die Theilnahme steigerte sich aber zu einer warmen Vorliebe, wenn man ihm in die braunen Augen schaute und in denselben einen hohen Grad von wohlwollender Gutmüthigkeit entdeckte. Ein starker rothbrauner Schnurrbart beschattete seine Lippen, doch verdeckte er nicht die schönen weißen Zähne, wenn er beim Sprechen oder Lachen den Mund öffnete. So weit der Schirm seiner goldverbrämten Mütze die Stirn geschützt hatte, war dieselbe auffallend weiß, dagegen hatte der übrige Theil des Gesichts allmälig in Wind und Wetter, tropischer Sonnengluth und nordischer Kälte eine dunkelbraune Farbe angenommen. Diesem letztern Umstande war es auch wohl am meisten zuzuschreiben, daß man, bei einem oberflächlichen Hinblick, über sein Alter in Zweifel blieb und ihn schon für einen Dreißiger hielt, anstatt sein wirkliches Alter von fünfundzwanzig Jahren zu errathen.

Seine schwarzen Haare hatten, trotz der auf der amerikanischen Marine herrschenden Freiheit in nichtssagenden Kleinigkeiten, einen militärischen Schnitt, während eine einfache dunkelblaue Uniform seine schlanke, jedoch kräftige hohe Figur mit jener eigenthümlich malerischen Marine-Nachlässigkeit umschloß.

Indem er herantretend sich vor den Damen verneigte, verschwand der ernste Dienstausdruck, welchen er vom Vordertheil des Schiffes mitgebracht hatte, plötzlich wie durch Zauber aus seiner Physiognomie und Haltung, und er bewies durch ein leichtes, gewandtes Benehmen, sowie durch die Gewähltheit in seiner

Ausdrucksweise, daß die nothwendige Folge des rauhen Seelebens nicht immer ein Rückschritt in der gesellschaftlichen Bildung sei.

„Nur noch eine Nacht werden die Damen die Unbequemlichkeiten an Bord eines Kriegsschiffes zu ertragen haben," begann er, nachdem er auf ein einladendes Zeichen selben einen Stuhl herbeigeholt und Hertha gegenüber Platz genommen hatte.

Hertha, an welche Weatherton's Worte vorzugsweise gerichtet waren, wollte antworten, doch kam Demoiselle Corbillon ihr zuvor.

„Die Unbequemlichkeiten auf einem Kriegsschiffe und das geräuschvolle Wesen der Schiffsmannschaft wirken in der That störend auf ein Gemüth, welches sich nach geistiger Ruhe sehnt," versetzte sie, einen mißfälligen Blick nach dem Vorderdeck hinübersendend, wo mehrere der vom Dienst befreiten Matrosen sich zum muntern Chorgesang vereinigt hatten, „doch je länger ich mich hier befinde, um so romantischer erscheint mir die bevorstehende Reise durch die wunderbaren westlichen Urwildnisse, um so verlockender das Ziel, welchem wir entgegeneilen. Es muß gewiß eine große Selbstverläugnung dazu gehören, die ganze Lebenszeit auf dem Wasser und in dem beschränkten Raume eines Schiffes hinzubringen. Ich denke, eine einzige Fahrt durch die so zauberisch geschilderten Prairien wäre im Stande, auch den leidenschaftlichsten Seemann in einen friedlichen Landbewohner umzuwandeln."

Weatherton lächelte bezeichnend vor sich hin. Es war ihm nicht fremd, daß die aufgenommenen Schiffbrüchigen zum Theil dem Mormonenthum anhingen, und welches Ziel namentlich Jansen und die zu ihm gehörende Gesellschaft vor Augen hatten. Er besaß aber auch einen hinlänglichen Begriff von der neuen Lehre, um einzusehen, welcher Zweck jedes einzelne Mitglied der Gesellschaft in der Verfolgung des einmal eingeschlagenen Weges leitete. Leicht durchschaute er das offene, fromme Gemüth Hertha's, wel-

ches, wie ein schönes Buch, vor Jedem, mit dem sie in nähern
Verkehr trat, aufgeschlagen dalag. Er durchschaute es um so
leichter, weil die unschuldvolle, liebliche Mormonin mit ihren
schwärmerischen, etwas überspannten Ideen von dem Augenblick an,
in welchem sie zuerst den Fuß an Bord des Leoparden stellte,
einen tiefen, unauslöschlichen Eindruck auf ihn ausgeübt hatte,
und jedes ihrer Worte, ja, jeder Blick von ihr eine so lange
nachhallende Saite in seiner Brust berührte. Daß das arglose
Kind das Opfer einer wohlüberlegten Täuschung sei, bezweifelte
er nicht, eben so wenig, daß den jugendlich überspannten Träu=
men dereinst ein bitteres Erwachen folgen werde. Trotzdem er
aber Alles dieses ahnte, wagte er doch nicht,. Hertha's heiteres,
zufriedenes Gemüth durch das Erwecken von Zweifeln zu trüben.
Ueberredete er sich aber, daß es seine Pflicht sei, sie über das
Geschick aufzuklären, welchem sie, im vollsten Vertrauen auf den
klaren Blick und die Rechtlichkeit der ihr zunächst stehenden Men=
schen, blindlings entgegeneile, dann scheiterten seine Pläne, so=
bald er ihr gegenübertrat und in ihre frommen, unschuldvollen
Augen blickte. Er hätte ja ihr keusches Ohr, ihr jungfräuliches
Gemüth auf das tiefste verletzen müssen. Gegen das Mormonen=
thum aber im Allgemeinen zu zeugen und zu eifern, das kam
ihm nicht in den Sinn. Seine Versicherungen wären von
Hertha doch nur für ähnliche Verleumdungen gehalten worden,
wie diejenigen, von welchen Jansen und Rynolds ihr ja täglich
erzählten und sogar die Beweise lieferten, und das wachsende
Vertrauen, welches sie ihm so deutlich, aber unbewußt bei jeder
Gelegenheit entgegentrug, wäre dadurch vielleicht unheilbar er=
schüttert worden.

Wenn nun Hertha's Gemüth wie ein klarer, von keinem
Hauch getrübter Spiegel vor ihm lag, so war ihm noch weniger
eine Seite in dem Charakter der Demoiselle Corbillon verborgen
geblieben, und wo er vielleicht nicht sogleich deren Neigungen

und Wünsche errieth, da trug sie in ihrer geschwätzigen Eitelkeit, wenn auch ohne es zu wollen, dafür Sorge, dieselben recht verständlich durchblicken zu lassen.

Weatherton bebte oft, wenn sie in Gegenwart des jungen Mädchens ihre Zunge nicht zu zügeln wußte, und in dem einen Augenblick sprach, was sie im nächsten widerrief, weil ihr dergleichen Erörterungen von Rynolds streng untersagt worden waren. Dergleichen Giftpfeile prallten indessen harmlos, und ohne Spuren zurückzulassen, an Hertha's reiner Seele ab; und widerte ihn auf der einen Seite die niedrige Denkungsweise der Gouvernante an, so erfreute er sich auf der andern doppelt an der bezaubernden Unschuld und der edlen Einfachheit ihrer Schutzbefohlenen.

Doch mehr und begründetere Besorgnisse, als die in steife Formen gehüllte Charakterlosigkeit der Erzieherin, flößten ihm Jansen und Rynolds für Hertha's Geschick ein.

Er erkannte in Ersterem den finstern Fanatiker, in dem Andern dagegen einen gewissenlosen Bösewicht, und schwer fiel es ihm auf die Seele, daß des jungen Mädchens ganze Zukunft vorzugsweise in den Händen dieser beiden Männer ruhe. Zugleich entging es ihm aber auch nicht, daß diese sorgfältig Alles vermieden, was einem unberufenen Beobachter hätte Gelegenheit bieten können, ihnen hindernd entgegen zu treten und ihre Pläne zu durchkreuzen.

Je schwerer nun die Besorgnisse, welche ihn über die von Gefahren umgebene Zukunft Hertha's erfüllten, um so inniger und lebhafter wurde auch die Theilnahme, welche er für sie fühlte; und da ihm jeder Weg, jedes Mittel, eine Wendung in ihrem Geschick herbeizuführen, abgeschnitten war, so keimte in ihm der Entschluß, so weit es in seinen Kräften liege, über sie zu wachen, um endlich dennoch in den Besitz von Beweisen böser, selbstsüchtiger Absichten zu gelangen, welche dazu dienen konnten, sie von Rechtswegen der Macht ihrer Vormünder und mithin dem ihr drohenden dunkeln Loose zu entreißen.

Dergleichen Beweggründe leiteten ihn auch, als er Jansen und Rynolds ausnahmsweise, auf ihre bringenden Bitten, bald nachdem der Anker gefallen war, landen ließ, und als er den Bootsmann, auf dessen unerschütterliche Treue er rechnen durfte, beauftragte, den beiden Mormonen nachzuspähen.

Der Zufall war ihm zu Hülfe gekommen, dies, ohne Aufsehen zu erregen, in's Werk setzen zu können; denn da der Capitän des Leoparden sich gleich nach ihrer Ankunft im Hafen, in Begleitung des Capitäns und der Steuerleute der verunglückten Brigg nach der Stadt begab, so war ihm, als dem ältesten Officier, das Commando auf der Corvette übertragen worden, ein Umstand, für welchen er sich in diesem Augenblick mehr als jemals in seinem Leben glücklich pries. —

Als Demoiselle Corbillon also bei seiner Anrede das Wort ergriff und sich mißbilligend über die Unbequemlichkeiten des Seelebens aussprach, zugleich aber sich in indirecten Lobpreisungen des Mormonenthums erging, da lächelte Weatherton bezeichnend vor sich hin. Ihm waren die Gefühle, welche sie zu solchen Aeußerungen veranlaßten, vollständig klar, und er bewunderte nur die Ausdauer, mit welcher sie auf ihre Art immer wieder darauf hin arbeitete, ihn zu bekehren.

„Ihr urtheilt hart, Demoiselle Corbillon," sagte er, indem er das Lächeln zurückdrängte und einen fragenden Blick auf Hertha richtete, „viel zu hart für eine Dame, welche selbst so oft ihre Bewunderung über die Erhabenheit des ewigen Weltmeers aussprach. Und was die Unbequemlichkeiten an Bord eines Kriegsschiffes anbetrifft, so mögt Ihr überzeugt sein, daß Manches viel anders gewesen wäre, hätten wir geahnt, daß der Leopard durch den Besuch von Damen geehrt werden würde."

Demoiselle Corbillon, die das Compliment nur auf ihre

Person bezog, zwang ihren Oberkörper zu einer steifen Verneigung. Offenbar sann sie darüber nach, wie sie am leichtesten ihr kurz vorher ausgesprochenes Urtheil mildern könne, als Hertha sich in ihrer offenen, ehrlichen Weise an den Officier wendete.

„Ihr sprecht von Unbequemlichkeiten, Lieutenant Weatherton," hob sie an, und ein herzlicher Ausdruck verschönte ihr edles Antlitz, „dabei vergeßt Ihr aber, daß eine schreckliche Katastrophe uns zu Passagieren des Leoparden machte. Ich habe die Unbequemlichkeiten nicht empfunden, und wenn Ihr glaubt, daß ich mich mit so großer Freude von Eurem Schiffe trenne, so muß ich Euch nothgedrungen widersprechen. Ich für meine Person betrachte den Leoparden, trotz seines drohenden Namens, als einen alten lieben Freund und Wohlthäter, von dem ich nur mit dem innigsten Bedauern scheide, und dessen ich mich bis an das Ende meines Lebens dankbar erinnern werde. O, wenn lange Jahre darüber hingegangen sind, dann wird er, sammt seiner ganzen braven Bemannung, noch oft vor meiner Seele auftauchen, aber dann nicht nebelhaft und undeutlich, sondern gerade so, wie ich ihn jetzt vor mir sehe, mit seinem weißen Deck und seinen schlanken Spieren, das ist originell; Ihr seht, ich habe von Euerm gutmüthigen, aber etwas eigensinnigen Hochbootsmann, dem Master Rast, schon etwas gelernt," sagte sie schalkhaft lächelnd hinzu.

„Jim Rast ist eine redliche, treue Haut;" versetzte Weatherton, durch Hertha's offenes Geständniß freundlich berührt. „Er theilt seine Neigung zwischen dem Leoparden und mir, der ich fast unter seinen Augen aufgewachsen bin, wie die Corvette unter seinen Augen gezimmert wurde, und oft hält es schwer, zu unterscheiden, wem von uns er den Vorzug giebt. So rauh er auch immer in seiner äußern Erscheinung sein mag, so werden ihm Eure gütigen Worte, wenn ich ihm dieselben mittheile, eine herzliche Freude bereiten; er gehört ja ebenfalls zu der Bemannung, deren Ihr in Zukunft freundlich gedenken wollt."

„Eben so wie jene Matrosen und Schiffssoldaten;" setzte die Gouvernante hinzu, indem sie ihre schmalen Lippen zu kräuseln versuchte und mit dem Fächer nach dem Vorderdeck hinüberdeutete. Der innige Ton, in welchem Weatherton zu Hertha sprach, schien sie verletzt zu haben, denn sie wendete ihr Gesicht plötzlich der Stadt zu, wie um sich gar nicht mehr an der Unterhaltung zu betheiligen, und ungeduldig klopfte sie mit der Spitze ihres langen schmalen Fußes auf den Boden.

„Natürlich gehören sie zu der Bemannung," entgegnete Hertha schnell, „und ich werde ihrer gewiß freundlich gedenken. Doch warum hebe ich dieses noch besonders hervor? Weiß ich doch, daß meine liebe Demoiselle jeden einzelnen unserer Retter in nicht minder dankbarem Andenken behält."

„Du bist ein Kind," bemerkte die Gouvernante, und die Röthe des Zornes stieg ihr in die schlaffen Wangen, während die Spitze ihres Saffianschuhes in schnellerem Tact den Boden berührte.

Hertha schaute betroffen empor, sie ahnte nicht, weshalb die Französin sich beleidigt fühlen könne, und mit der ihr innewohnenden Gutherzigkeit ergriff sie deren Hand.

„Ich habe gewiß wieder etwas Unverständiges gesprochen und herben Tadel von meiner lieben Corbillon verdient," sagte sie in freundlich bittendem Tone.

Diese kindlich wohlwollenden Worte hatten indessen eine ganz entgegengesetzte Wirkung von der, welche das junge Mädchen beabsichtigte. Demoiselle Corbillon begriff nämlich, daß sie in ihrem Eifer, Hertha zu überstrahlen, zu weit gegangen sei, und sich vor Weatherton eine Blöße gegeben habe. Hertha's liebevolles Benehmen aber, ihrem eigenen abstoßenden Wesen und ihrer empfindsamen Laune gegenüber, gab ihr einen neuen

Stich in's Herz. Sie wünschte sich daher fort aus der Gegenwart des Officiers, und um sich auf angemessene Art entfernen zu können, legte sie mit einem tiefen Seufzer die Hand an ihre Stirn.

„Du bist und bleibst ein verzogenes Kind," wiederholte sie, jetzt aber mit leidendem und erkünstelt zärtlichem Ausdruck; „doch ich habe die Schuld mir selbst beizumessen; es ist die Strafe für meine an Schwäche gränzende Liebe zu Dir. O, mein Kopf!" rief sie dann kläglich aus, „also auch in diesem Lande, wo ich Genesung zu finden hoffte, soll ich von Migräne verfolgt und gemartert werden?!" und sich mühsam erhebend schwankte sie der Kajütentreppe zu.

Hertha war ihr im Augenblick zur Seite, um sie zu unterstützen.

„Laß nur, mein gutes Kind," sagte sie mit schwacher Stimme, Hertha mit dem Anstande einer Fürstin auf die Stirn küssend; „bleibe hier oben und genieße die erquickende Abendluft. Du weißt, nur ungestörte Ruhe verschafft mir Linderung; Mr. Weatherton wird es mir nicht falsch deuten, wenn ich sein gütiges Anerbieten nicht zurückweise," und indem sie so sprach, legte sie ihren Arm durch den des Officiers, der gleichzeitig mit Hertha zu ihrem Beistande herbeigesprungen war, worauf sie sich schwer auf ihn stützte und sich halb hinunter tragen ließ.

Nach zwei Minuten war Weatherton wieder oben, und seinen alten Platz einnehmend gewahrte er zu seiner Befriedigung, daß der Zustand der Gouvernante, welche er abermals vollständig durchschaute, Hertha keine Veranlassung zu Besorgnissen gegeben hatte.

„Die arme Corbillon!" sagte sie mit unverkennbarem Bedauern, als Weatherton ihr mittheilte, daß er die Französin bis an die Thür ihrer Koje begleitet habe; „sie leidet sehr häufig an diesen Zufällen. Obgleich ungefährlich, müssen sie doch sehr schmerzhaft sein, denn ihre Nerven sind dann so angegriffen, daß sie nicht das geringste Geräusch ertragen kann. Selbst die Gegenwart anderer Personen ist ihr peinlich, und es würde ihre Leiden noch vergrößert haben, hätte ich sie, nachdem sie meine Gesellschaft zurückgewiesen, noch begleiten wollen. Gott sei Dank, diese Anfälle vergehen eben so schnell und plötzlich, wie sie kommen. Ruhe und ungestörtes Alleinsein sind ihre einzige und beste Arzenei.

Es war schon so dunkel geworden, daß man sogar in geringer Entfernung die Gesichtszüge nicht mehr genau zu unterscheiden vermochte. Im entgegengesetzten Falle würde Hertha auf Weatherton's Antlitz ein theilnahmvolles Lächeln entdeckt haben, welches ihm die kindlich aufrichtige Weise entlockte, in der sie das arglistige Benehmen ihrer Gouvernante und ihre eigene scheinbare Theilnahmlosigkeit zu erklären suchte.

„Ich bedauere, daß wir hier an Bord so wenig Gelegenheit haben, Demoiselle Corbillon das Leben erträglicher zu machen," bemerkte Weatherton nach einer kurzen Pause. „Sie scheint indessen Vorurtheile gegen Alles zu hegen, was zum Seeleben gehört; sogar mein Anerbieten, den Schiffsarzt zu ihrem Beistande herbeizurufen, wies sie mit herben Worten zurück."

„Glaubt nicht, daß sie Vorurtheile gegen Seeleute und besonders gegen den Leoparden hegt, wie es vielleicht zuweilen scheinen mag," versetzte Hertha mit Wärme, „sie hat freilich für manchen Menschen schroffe Seiten, allein kein einziges ihrer harten Worte kommt ihr vom Herzen, wohl aber ihre freundlichen. Ich kenne sie schon seit meiner Kindheit, und sage nicht zu viel, wenn ich die Behauptung aufstelle, daß sie kaum mit weniger Bedauern und Dankbarkeit von dem Leoparden scheidet, wie ich es thun werde."

Wenn nun Hertha die Gouvernante in Schutz nahm und, mit dem ihr angeborenen Edelsinn, derselben die besten Eigenschaften beizulegen trachtete, so entging Weatherton doch nicht eine gewisse Verlegenheit, welche nur zu deutlich dafür sprach, daß sie recht oft im Leben von den Launen der Französin zu leiden gehabt habe. Er wünschte daher die Unterhaltung auf weniger peinliche Gegenstände zu lenken, und wie ein Blitz leuchtete es in seiner Seele auf, daß jetzt vielleicht die letzte ihm gebotene Gelegenheit sei, Genaueres über Hertha's Zukunft zu erfahren.

„Wir Seeleute hängen mit treuer Liebe an unserm Element und an den Mitteln, mittelst derer wir uns dasselbe unterthan machen," begann er, seine Blicke mit innigem Ausdruck auf Hertha's züchtige Gestalt heftend, die sich nur noch in unbestimmten Umrissen vor der weißgestrichenen Rückwand der Schanze auszeichnete; „hören wir daher von Leuten, deren Heimath nicht der ungestüme Ocean, daß sie demnach unsere Neigungen anerkennen, so stimmt uns das heiter. Wie der Besitzer eines edeln Pferdes sich freut, die Vorzüge seines Lieblings hervorgehoben und gepriesen zu hören, so freut sich der Seemann über jedes Lob, welches seinem Schiff ertheilt wird. Von Euch aber so viele freundliche Worte, ein so nachsichtiges Urtheil vernommen zu haben, gewinnt einen doppelten Werth, weil Jeder fühlt, daß sie auf ungeschminkter Wahrheit und reiner Ueberzeugung begründet sind. Ihr gabt die Versicherung, Miß Hertha, Euch unserer, ich meine des Leoparden, freundlich erinnern zu wollen; mag das Geschick Euch aber hinführen, wohin es auch immer sei, die aufrichtigsten Segenswünsche Derer, die Euch hier kennen lernten, werden Euch überall hin nachfolgen, und gewiß Mancher hier an Bord möchte Euch auf dem langen, beschwerlichen Wege schirmend begleiten, der Euch einer unsichern, dunkeln Zukunft entgegenführt."

„Alle Wege, die in die Zukunft führen, sind den Augen der Sterblichen verschleiert," entgegnete Hertha, die erregt und mit der größten Aufmerksamkeit Weatherton's Worten gelauscht hatte; „blickt man aber vertrauensvoll und mit hingebendem Glauben zur Gottheit empor, dann sehnt man sich nicht, die Schleier zu lüften, welche die Zukunft verhüllen. Heiter richtet man die Blicke auf das schöne erhabene Ziel, dankbar genießt man die gebotenen glücklichen Stunden, und ohne zu murren oder zu klagen unterzieht man sich den jahrelangen Prüfungen, welche uns von dem Erlöser mit weiser Fürsorge auferlegt werden."

„Die Prüfungen, welche das Geschick uns auferlegt, sollen wir allerdings mit Geduld und Ergebung hinnehmen," erwiderte Weatherton, „allein es giebt Prüfungen, nennen wir es Leiden, die wir dem üblen Willen, dem Eigennutz und der Verrätherei unserer Mitmenschen verdanken, und diese sind es, von welchen ich wünsche, aus tiefstem Herzensgrunde wünsche, daß sie Euch fern bleiben mögen."

„Kein Haar fällt von Eurem Haupte ohne den Willen Gottes," versetzte Hertha schwärmerisch, „und so hege ich auch das unerschütterliche Vertrauen, daß die Leiden, die mir vielleicht von den Menschen zugefügt werden, mir ebenfalls von dem Herrn bestimmt wurden. Betrachte ich doch den Krieg, welchen die Vereinigten Staaten unserm Volke erklärt haben, als eine Schickung von oben, um unsere, mit überraschender Schnelligkeit wachsende Gemeinde fester an einander zu ketten und sie einmüthiger in der wahren Gottesverehrung zu machen. Zürnt mir nicht, daß ich auf die Ungerechtigkeit Eurer Regierung hindeutete, aber klang es doch, als wenn Ihr von einer unbekannten, mir drohenden Gefahr sprächet."

„Ich gedachte einer Euch drohenden Gefahr, indessen keiner Gefahr, die durch den Krieg für Euch herbeigeführt werden könnte. Die Gefahr, auf welche ich mich bezog, ist ganz anderer Art. Ich gedachte, daß Ihr vielleicht getäuscht sein dürftet, daß man Euch zum Uebertritt zum Mormonenthum bewegte, ohne

Euch vorher mit allen in der neuen Lehre vorgeschriebenen Formen, Sitten und Gebräuchen vertraut gemacht zu haben; ich gedachte, daß, wenn Ihr erst am Salzsee weilt, wo auf viele Hundert Meilen im Umkreise schwer zugängliche Wüsten Euch von der übrigen civilisirten Welt trennen, es zu spät zur Umkehr sei, wenn Ihr vielleicht irgend etwas entdecktet, was im Widerspruch zu Euern Gefühlen, zu Eurer reinen Denkungsweise stände. Alles dessen gedachte ich, und Besorgniß für Euer ferneres Wohl beschlich mich."

Als Weatherton geendigt, blickte Hertha eine Weile schweigend zu ihm hinüber, wie um die Erklärung des in seinen Worten enthaltenen Geheimnisses aus seinen kaum noch erkennbaren Zügen herauszulesen.

„Nein, Ihr gehört nicht zu den böswilligen Verleumdern des Mormonenthums," sagte sie endlich, und ihre Stimme zitterte leise, indem sie mit bezaubernder Einfachheit Weatherton die Hand reichte; „es spricht aus Euch wahre Besorgniß und freundliche Theilnahme, für die ich Euch ebenfalls nur mit aufrichtigen Worten zu danken vermag. Eure Befürchtungen sind indessen ungerechtfertigt, und wollte ich wirklich Mißtrauen in diejenigen setzen, die vielleicht nicht ohne Einfluß auf meinen Entschluß gewesen, nämlich in meinen Onkel und in meinen Vormund, so halte ich doch Beweise in Händen, welche dafür einstehen, daß dort, wohin es mich zieht, mir kein Unheil droht, im Gegentheil, treue Liebe und Anhänglichkeit meiner warten. Glaubt mir, wenn es sich um den Frieden des Herzens und der Seele handelt, da kann eine Schwester nicht täuschen, selbst auch dann nicht, wo ein aus zärtlichster Neigung entspringender und deshalb verzeihlicher Egoismus sie alle Mittel möchte versuchen lassen, sich nach langer herber Trennung wieder mit der Schwester zu vereinigen. O, Mr. Weatherton, ich könnte Euch Briefe zeigen, Briefe, die überfließen von Glück und Zufrieden=

heit, und kein einziger ist unter denselben, der nicht die dringende Aufforderung enthielte, mich der Gemeinde, welcher ich im Geiste schon längst angehöre, auch in der Wirklichkeit zuzugesellen. Selbst die Spuren reichlich vergossener Thränen, welche namentlich die letzten Briefe meiner Schwester tragen, erzählen von ihrer Sehnsucht nach mir, und von ihrem, vor innigster Dankbarkeit gegen den Erlöser, überströmenden Herzen."

Indem Hertha sprach, war ihre Stimme immer erregter geworden. Aus ihren dargelegten Ansichten leuchtete eine so unerschütterliche Ueberzeugung, ein so frommer, heiliger Glaube hervor, daß Weatherton wohl einsah, er würde hier mit seinen Gründen nie durchbringen, im Gegentheil sich selbst nur in den Augen der holden Schwärmerin herabsetzen und das offene Vertrauen, mit welchem sie ihm bis jetzt seine, ihm selbst fast unerklärliche, warme Theilnahme lohnte, zerstören. Eine Art Wehgefühl zog daher in seine Brust ein, während er sich die wahrscheinlich traurige Zukunft des jungen Mädchens vergegenwärtigte und zugleich seine Ohnmacht erwog, entscheidend eingreifen zu können.

Von den verschiedenartigsten Gefühlen bewegt, saßen die beiden jungen Leute längere Zeit einander schweigend gegenüber. Die äußere Welt schien für sie nicht mehr vorhanden zu sein; sie bemerkten nicht, daß der Leopard vor den zurückkehrenden Wassern der schwindenden Fluth träge vor seinem Anker herumschwang, bis sein Bugspriet stromaufwärts wies, noch beachteten sie das verworrene Gesumme, welches, in Verbindung mit mancherlei gedämpfter Musik, von der Stadt her zu ihnen herüberschallte. Mit regelmäßigem Schritt, das Gewehr geschultert, durchmaß der Posten auf dem Deck den ihm angewiesenen Raum; regungslos, wie eine Statue, saß der wachhabende Matrose auf der Ankerwinde neben der Schiffsglocke; aus dem Innern der Corvette aber drangen, dumpf, wie aus weiter Ferne, die fröh=

lichen Stimmen der über die glückliche Ankunft in einem be=
lebten Hafen erfreuten Seeleute und Soldaten hervor. Die At=
mosphäre hatte sich wieder erhellt. Der Mond war aufgegangen,
stand aber noch tief hinter einer schwarzen Wolkenschicht, welche
sich, das funkelnde reichgestirnte Firmament scharf begrenzend,
um den ganzen östlichen Horizont herumzog.

Hertha betrachtete mechanisch den milchweißen Kreis, welcher
die Stelle umgab, wo der Mond hervortreten sollte. Sie mußte
tief in Gedanken versunken sein, denn sie schrak förmlich empor,
als Weatherton sie endlich wieder anredete.

„Solltet Ihr Euch aber nicht selbst haben täuschen können?"
fragte er in eigenthümlich zaghaftem Tone; „sollte es nicht
hauptsächlich die Sehnsucht nach der Schwester sein, was Euch
dorthin treibt? Es wäre so natürlich, da sie die Einzige ist, die
Euch von dem engern Familienkreise geblieben."

Hertha antwortete nicht sogleich; Weatherton's Worte schie=
nen sie zu überraschen, weil sie selbst noch nie eine ähnliche Frage
an sich gerichtet hatte.

„Die Sehnsucht nach meiner Schwester ist in der That
sehr groß," begann sie nach längerem Sinnen träumerisch und
innig, „ich möchte sie unwiderstehlich nennen, denn schwere Opfer
würde ich freudigen Herzens bringen, könnte ich dadurch das
Wiedersehen beschleunigen. Ach, und ihr Knabe, wie gern
suchte ich in seinem lieben Gesichtchen nach der Aehnlichkeit mit
mir, von welcher meine Schwester schreibt — gewiß, die Sehn=
sucht nach den beiden Lieben hat nicht wenig dazu beigetragen,
den Entschluß, auszuwandern, in mir zur Reise gelangen zu las=
sen, allein — eh' ich noch daran dachte, meinem Heimathslande
Lebewohl zu sagen, hatte ich mich ja schon zur Lehre des Mor=
monenthums bekannt — aber — ich bitte Euch, Lieutenant
Weatherton," fuhr sie mit einem leisen Vorwurf im Ton ihrer
Stimme fort, wobei sie, um ihn nicht zu kränken, mit kindlichem

Vertrauen ihm abermals die Hand reichte, „haltet ein, in die=
ser Weise mit mir zu sprechen und Zweifel in mir wach=
zurufen, die ich sonst nie kannte und die meinen Seelenfrieden
zu stören drohen. Ich habe vielleicht schon mehr vernommen,
als ich hätte hören sollen."

Weatherton ergriff die dargebotene Hand, welche Hertha ihm
gerade so lange ließ, wie er sprach; er fühlte den sanften, viel=
leicht unwillkürlichen Druck ihrer zarten Finger, es war eine
Aeußerung ihrer ehrlichen, wohlwollenden Gesinnungen, und ein
süßes, mit bitterer Wehmuth vermischtes Gefühl trieb ihm alles
Blut zum Herzen.

„Euren Seelenfrieden stören?" fragte er traurig, „o, das
sei fern von mir. Ihr sollt nicht an Bord des Leoparden ge=
kommen sein, um trübe Rückerinnerungen mit von hier fortzu=
nehmen. Verkennt mich aber nicht, Miß Hertha, die Worte,
welche ich an Euch richtete, mögt Ihr sie immerhin nach Eurem
Wohlgefallen deuten, sie würden nie über' meine Lippen gekom=
men sein, hätte ich nur eine oberflächliche Theilnahme für Euch
gehegt. Die Zeit unserer Bekanntschaft kann erst nach Tagen
gezählt werden, aber ein Menschenalter hätte Euch treuere, auf=
richtigere, wohlmeinendere und opferwilligere Freunde nicht ver=
schaffen können, als — wie Ihr hier auf dem Leoparden zu=
rücklaßt."

„Die ich ungern zurücklasse, solltet Ihr sagen," versetzte
Hertha schnell, denn es gab für sie ja keinen Grund, weshalb
sie ihre wahren Gesinnungen hätte verbergen sollen. „Die ich
ungern zurücklasse, um sie wahrscheinlich nie wiederzusehen,"
wiederholte sie leiser, ihre Blicke sinnend auf den schmalen sil=
bernen Streifen heftend, mit welchem der sich dem Rande der
Nebelbank nähernde Mond die schwarzen, massigen Wolken um=
säumte. „Ist es mir doch, als sollte ich abermals von der
heimathlichen Scholle scheiden; es sind zwar erst Tage, allein

— Ach!" rief sie plötzlich entzückt aus, indem sie mit der Hand gegen Osten wies.

Weatherton schaute sich um, und schweigend, wie seine liebliche Gefährtin, betrachtete er die zauberische Naturscene, welche sich dort in unbeschreiblicher Pracht entwickelte.

Der oberste Rand des Mondes war eben, wie ein strahlender Stern, über der mauerähnlichen Wolkenschicht sichtbar geworden, und indem er, scheinbar zitternd, mehr und mehr hervortrat, überströmte er mit magischem bläulichem Licht das umfangreiche Hafenbecken und dessen malerische Einfassung, hier gigantische Schatten, dort auf allen hervorspringenden Punkten wunderbare Reflexe bildend. Die Sterne erbleichten und verschwanden theilweise, als ob sie beschämt gewesen wären; ein langer Streifen silbern schillernder Strudel und kleiner tändelnder Wellen zog sich über die ganze Wasserfläche bis dicht an die Corvette hin; der vergoldete Leopard unter dem Bugspriet blitzte und schien Leben erhalten zu haben, und eben so blitzten das Bayonnet und der Musketenlauf der auf und ab schreitenden Schildwache.

„Wie wunderbar schön," flüsterte Hertha kaum vernehmbar, und zwei Thränen rollten über ihre im Mondlicht bleich schimmernden Wangen. „Ich gedachte meiner Heimath, und dort ist sie. Gerade so entstieg der Mond den wild ausgezackten und zerklüfteten Gebirgen, während auf der andern Seite die Wogen des Meeres zwischen den Klippen und Scheren unheimlich tosten und brandeten. O mein schönes, theures Heimathsland! wie weit, wie weit entfernt bin ich von Dir! — Vom Scheiden und Nimmerwiedersehen sprach ich, als das milde Licht freundlich grüßend und tröstend durch die Wolken brach," fuhr das noch schmerzlich erregte junge Mädchen heiterer fort; „es soll mir dies ein gutes Zeichen sein. Ich will denken, es sei mir bestimmt, meine Heimath wiederzusehen, auch den braven Leoparden und seine brave Bemannung, unter der Ihr obenan steht. Nun, vielleicht begegnen wir einander dereinst am Salzsee," fügte sie unter einem fröhlichen Lachen hinzu; gleich darauf wurde sie aber wieder ernst, als ob sie die eben gesprochenen Worte bereut hätte. „Mißversteht mich nicht," sagte sie so herzlich, so gutmüthig, daß es Weatherton rührte; „es ist durchaus nicht meine Absicht, Euch zu bekehren; ich wollte damit nur andeuten, wie ich mich freuen würde, mit Euch noch öfter im Leben zusammenzutreffen, denn unvergeßlich werden mir Eure freundlichen, Zutrauen erweckenden Worte sein. Ich habe dergleichen noch nicht viel in meinem Leben vernommen, und wenn auch Niemand mich mit Härte behandelte, so sah ich doch, seit meine Schwester ihrem ernsten und heiligen Berufe als Gattin folgte, nur wenig andere, als ernste Gesichter um mich."

So lange Hertha sprach, lauschte Weatherton mit ungetheilter Aufmerksamkeit. Das volle, ungebundene Vertrauen, welches ihm in so hohem Grade erwiesen wurde, wie vielleicht keinem Zweiten, erfüllte ihn mit wehmüthiger Freude. Um so schmerzlicher berührte es ihn dagegen, aus den Ausbrüchen schwesterlicher Anhänglichkeit und dem plötzlich erwachten Heimweh des jungen Mädchens schließen zu dürfen, daß man in der That künstliche und wohldurchdachte Mittel angewendet habe, dasselbe seinem Geburtslande zu entfremden.

Ihre freundliche Bitte: nicht mehr auf einen Gegenstand zurückzukommen, der ihr peinlich zu werden schien, ließ er nicht unbeachtet, obgleich es ihn drängte, ihr mit den grellsten Farben ein Bild ihrer Zukunft zu entwerfen, wie diese beständig seinem Geiste vorschwebte. Er sah daher nur noch einen einzigen Weg vor sich offen, sie möglicherweise einem traurigen Geschick zu entreißen, nämlich, sie nach ihrer Trennung nicht aus den Augen zu verlieren und selbst in weiter Ferne, wenn auch nur einen brieflichen Verkehr mit ihr aufrecht zu erhalten.

„Und wenn wir uns nicht wiedersehen sollten," fragte Weatherton, sobald Hertha geendigt, „und Eure freundliche Theilnahme für den Leoparden würde im Drange der Ereignisse nicht erstickt, würdet Ihr dann vor dem Gedanken zurückschrecken, denjenigen, die Ihr durch Eure Gegenwart so sehr erfreutet, Nachricht von Euch zu geben?"

„Warum sollte ich vor einem solchen Gedanken zurückschrecken?" fragte Hertha unbefangen und treuherzig; „fühle ich doch, daß es für mich eine sehr, sehr große Freude sein würde, durch Euch Nachricht über den getreuen Leoparden zu erhalten, dem ich mein Leben verdanke. Einen andern Eurer Schiffsgenossen wage ich nicht darum zu bitten; sie stehen mir Alle zu fremd gegenüber," fügte sie entschuldigend hinzu.

Dieses süße Geständniß, gegeben mit der natürlichen Offenherzigkeit eines Kindes und der edlen Einfachheit eines reinen Herzens, machten Weatherton erbeben. Es fehlten ihm die Worte, irgend etwas darauf zu entgegnen, ohne zu viel von seinen Gedanken zu verrathen, er kam deshalb noch einmal auf seinen eigenen Vorschlag zurück.

„Die Tage, die hinter uns liegen, kennen wir genau," sagte er ernst, fast feierlich; „dagegen bleibt uns verborgen, ob nicht Ereignisse auf uns einstürmen, die es vielleicht als ein Glück erscheinen lassen, selbst in der Ferne einen Freund zu wissen, dem wir uns vertrauensvoll nähern dürfen. Möget Ihr nie in die Lage kommen, Miß Hertha, Euch von Fremden Rath einholen zu müssen; sollten indessen Verhältnisse widriger Natur, oder, nennen wir es beim rechten Namen, Unglück Euch mit Mißtrauen gegen Eure Umgebung erfüllen und das Gefühl des Alleinstehens, der Verlassenheit in Euch zum Durchbruch kommen, dann, ja dann vor Allem erinnert Euch Eurer Freunde auf dem Leoparden und des Versprechens, welches Ihr ihnen aus freiem Willen gegeben habt."

„Ich verspreche es, ich verspreche es noch einmal," versetzte Hertha tief ergriffen, indem sie sich erhob und Weatherton zum Abschied die Hand reichte. „Eure Güte und Eure Theilnahme sollen unvergessen bleiben, und nicht auf traurige Tage will ich harren, um zu beweisen, wie getreulich ich das Andenken an — an den Leoparden bewahre. Wollte Gott, ich wäre vor unserer Abreise noch im Stande, Euch durch neue Briefe von meiner Schwester diejenige Beruhigung zu geben, die Ihr so aufrichtig zu wünschen scheint."

Weatherton war gleichzeitig mit Hertha aufgestanden. Die Hand, welche sie ihm in ihrer lieben, treuherzigen Weise ruhig ließ, führte er an seine Lippen. Zu sprechen vermochte er nicht, aber er fühlte, daß sie ganz leise und vorübergehend zitterte, als wenn plötzlich ein nie gekanntes, nie geahntes Gefühl ihr Herz erbeben gemacht und ihre hohe schlanke Gestalt erschüttert habe.

„Gott segne Euch für diese Worte," sagte er endlich, indem er mit ihr der Kajütentreppe zuschritt, „denn aus dem tiefsten Grunde meiner Seele wünsche ich mir eine Beruhigung, welche Eure glückliche Zukunft gewissermaßen gewährleistet. Ich darf daher hoffen, Euch noch wiederzusehen, eh' Ihr die Reise nach dem fernen Westen antretet, und Ihr gestattet mir, nachdem Ihr von dem Leoparden geschieden, Euch in der Stadt aufzusuchen?"

„Ich hoffe Euch wiederzusehen, wo es auch immer sei," antwortete Hertha, als sie sich am Fuß der Treppe von Weatherton verabschiedete. „Gute Nacht" rief sie ihm noch einmal zu, und im nächsten Augenblick war sie hinter der Kajütenthür verschwunden.

Weatherton begab sich wieder nach dem Quarterdeck hinauf. Ein Midshipman hatte daselbst während seiner kurzen Abwesenheit die Wache bezogen. Unter dem Vorwande, selbst noch einige Stunden die milde Abendluft genießen zu wollen, sendete er ihn hinab zu seinen Gefährten, deren fröhliche Stimmen noch immer, je nachdem die Thüren geöffnet wurden, in leiseren oder geräuschvolleren Pausen aus dem Innern des Schiffes hervordrangen.

Der junge Mann leistete dem Befehl militärisch grüßend Folge, und Weatherton war wieder allein. Langsam, gesenkten Hauptes und die Hände auf dem Rücken verschlungen, schritt er auf den festen Planken auf und ab. Während manchen Sturmes hatte er von denselben Planken aus die Bewegungen des Leoparden und die Handhabung der Segel geleitet; gegen die Stürme aber, die jetzt in seiner Seele tobten, kämpfte er vergeblich an; er war zu wenig vorbereitet auf dieselben, nachdem sein ganzes früheres Leben in jugendlichem Frohsinn und ungetrübter Ruhe verflossen.

Die Schiffsglocke meldete das Entrinnen der Zeit; die klingenden Doppelschläge wuchsen von halber Stunde zu halber Stunde an Zahl, bis sie, nachdem sie viermal ertönt und Mitternacht bezeichnet hatten, wieder mit einem einzelnen Schlage begannen; doch Weatherton achtete nicht darauf. Die Wachen wurden abgelöst, der Gesang und das Gelächter der nächtlichen Schwärmer verstummte; Weatherton dagegen setzte noch immer seinen einsamen Spaziergang fort. Nur gelegentlich stand er still, um seine Blicke spähend auf den Punkt zu richten, wo, wie er wußte, Rast mit den Mormonen gelandet war, oder um irgend ein Boot, welches in dem unbestimmten Mondlicht eine entfernte Aehnlichkeit mit der Jolle des Leoparden trug, aufmerksam zu betrachten.

Sein Forschen blieb vergeblich, und je länger die Rückkehr des abwesenden Bootsmannes sich verzögerte, um so häufiger und ungeduldiger schaute er nach ihm aus.

Die Glocke meldete ein Uhr, halb zwei, da weckte ihn plötzlich das bekannte „Boot ahoi!" auf dem Vordercastell aus dem Brüten, in welches er versunken war.

„Leute vom Leoparden!" lautete die tiefe, fast knurrende Antwort, welche als die Rast's gar nicht zu verkennen war. Die Jolle schoß heran, die zur Seite gelegten Riemen klapperten und gleich darauf schwangen sich die vier Ruderer, wie flüchtige Schatten, einer hinter dem andern über die Schanzverkleidung.

Rast war der letzte, der erschien. Er gab den Matrosen, die ihn begleitet hatten, noch einige Befehle, namentlich mit Rücksicht auf den versprochenen Grog, worauf er sich nach dem Quarterdeck hinbegab, auf welchem er schon längst Weatherton's Gestalt entdeckt hatte.

„Von der Stadt zurück, Herr!" meldete er, die Hand grüßend an seinen Hut legend, sobald er sich seinem Vorgesetzten gegenüber befand.

„Es ist gut," antwortete Weatherton in strengem dienstlichen Tone. „Sonst nichts zu rapportiren, Jim?" fragte er gleich darauf eben so zutraulich, wie er kurz vorher gemessen gewesen.

Der Bootsmann verlor augenblicklich die straffe dienstliche Haltung, und nachdem er sich überzeugt, daß keine unberufenen Lauscher in der Nähe weilten, trat er dicht zu Weatherton heran.

„Lieutenant Dickie!" sagte er halb flüsternd, halb grunzend, denn wenn er auch, wo es immer die Umstände erlaubten, sich des Namens „Dickie" bediente, so versäumte er doch nur in ganz besonderen Ausnahmefällen den Titel vor denselben zu setzen; „verdammt guten Ausguck gehalten, hinter den Piraten —"

„Piraten?" fragte Weatherton überrascht.

„Piraten, Lieutenant Dickie, das ist originell!" antwortete Rast, indem er Weatherton nach der nächsten Deckaronade hin folgte, auf welche sie sich dann Beide niedersetzten.

„Ja, Piraten," wiederholte er noch einmal mit bestimmtem Ausdruck; „habe hinter ihnen gekreuzt, wie der Walfisch hinter einem Zug Häringe; dabei angesegelt, habe einen Maler gebrait, 's war aber ein Gentleman, der auch Seeschlachten malt — aber verdammt! ich habe das unrechte Ende des Garns gefaßt!" —

„Laß Dir Zeit, Jim," unterbrach Weatherton seinen alten Freund, dessen Schwächen er genau kannte, „es giebt gar keinen Wind, der zugleich vorwärts und rückwärts zu blasen vermöchte."

„Das ist originell!" versetzte Rast, und nachdem er sich sodann noch einmal ordentlich geräuspert, begann er in der ihm eigenthümlichen umständlichen Weise Alles mit der größten Genauigkeit zu erzählen, was er, seit er den Leoparden verlassen, gesehen und erlebt hatte.

Weatherton hörte ihm aufmerksam zu; was er vernahm, schien ihn, zu Rast's Mißvergnügen, immer tiefer in Gedanken zu versenken; und als der Bootsmann sein Garn schon längst abgesponnen, da saß er noch immer, das Haupt schwer auf die Hand gestützt, regungslos auf der Lafette.

Ende des ersten Bandes.

Druck von G. Pätz in Naumburg.

Im Verlage von Hermann Costenoble in Jena und Leipzig erschienen ferner folgende neue Werke:

Ati Kambang, Auf fremder Erde. Roman. 3 Bde. 8. broch. circa 4½ Thlr.

Anncke, Mathilde Franziska, Das Geisterhaus in New-York. Roman. 8. broch. 1½ Thlr.

Gerstäcker, Friedrich, Im Busch. Australische Erzählung. **Wohlfeile Volksausgabe.** Classikerformat. 3 Bde. broch. circa 1¼ Thlr.

Wickede, Julius von, Ein deutscher Landsknecht der neuesten Zeit. Aus dem Leben eines Verstorbenen, nach dessen hinterlassenen Papieren bearbeitet. **Wohlfeile Volksausgabe.** Classikerformat. 3 Bde. broch. circa 2 Thlr.

Brachvogel, A. E., Historische Novellen. 3. u. 4. Bd. 8. broch. circa 3 Thlr.

Lugomirska, Marianne, Thaddeus Kosciuszko. Historischer Roman. 4 Bde. 8. broch. 4¾ Thlr.

Bacher, Julius, Ein Urtheilsspruch Washington's. Historischer Roman. 2 Bde. 8. broch. 2½ Thlr.

Guseck, Bernd v., Deutschlands Ehre. Historischer Roman. 3 Bde. 8. broch. 4 Thlr.

Brachvogel, A. E., Schubart und seine Zeitgenossen. Historischer Roman. 4 Bde. 8. broch. 5½ Thlr.

Gerstäcker, Friedrich, Der Wilderer. Ein Drama in 5 Aufzügen. Miniat.-Ausg. broch. 27 Ngr.

Gerstäcker, Friedrich, Die Colonie. Brasilianisches Lebensbild. 3 Bde. 8. broch. 3 Thlr. 27 Ngr.

Stahl, Arthur, Ein weiblicher Arzt. Ein Roman. 2 Bde. 8. broch. 2 Thlr.

Eichenfels, Hans von, Das Erbschloß. Ein Roman. 3 Bde. 8. broch. 3¾ Thlr.

Humboldt's, Alexander von, Briefwechsel mit Heinrich Berghaus aus den Jahren 1825 bis 1858. 3 starke Bde. gr. 8. à Band 2 Thlr. 12 Ngr.

Jenssen-Tusch, G. F. von, Die Verschwörung gegen die Königin Caroline Mathilde und die Grafen Struensee und Brandt. Nach ungedruckten Quellen und in selbstständiger deutscher Bearbeitung nach L. I. Flamand. gr. 8. broch. 2½ Thlr.
Wichtig in Bezug auf Schleswig-Holstein.

Buchrucker, Wolfgang, Pfarrer, Spurgeon. Ein Lebensbild. 8. broch. 12 Ngr.

Bibra, Ernst Freiherr von, Ein Juwel. Südamerikanischer Roman. 3 Bde. 8. broch. 3¾ Thlr.

Körner, Friedrich, Director an der Handelsakademie zu Pest. Der Volksschullehrer. Pädagogik der Volksschule. 2. Aufl. 8. broch. 27 Ngr.

Möllhausen, Balduin, Der Mayordomo. Erzählung aus dem südlichen Kalifornien und Neu-Mexico. Im Anschluß an den „Halbindianer" und „Flüchtling". 4 Bde. 8. broch. 5 Thlr.

Möllhausen, Balduin, Palmblätter und Schneeflocken Erzählungen aus dem fernen Westen. 2 Bde. 8. broch. 2½ Thlr.

Wickede, Julius von, Der lange Isaack. Historischer Roman aus der Zeit des deutschen Befreiungskrieges. 3 Bde. 8. broch. 4½ Thlr.

Brachvogel, A. E., Historische Novellen. Zwei starke Bände. 8. broch. 3 Thlr.

Brachvogel, A. E., Theatralische Studien. 8. broch. 24 Ngr.

Perels, Emil, Handbuch zur Anlage und Construction landwirthschaftlicher Maschinen und Geräthe für Maschinenfabrikanten, Constructeure, für Studirende der Technik, polytechnische Schulen zu Vorträgen und für gebildete Landwirthe. In 7 Heften mit circa 80 lith. Tafeln. Lex.=8. Preis pro Heft broch. circa 1 $\frac{1}{3}$ Thlr.

Berlepsch, H. A., Die Alpen in Natur= und Lebensbildern. Mit 16 Illustrationen von E. Rittmeyer. Pracht=Ausg. Lex.=Oct. Ein starker Band. Eleg. broch. 3 Thlr. 26 Ngr. Eleg. geb. mit vergold. Deckenverzierungen 4 $\frac{1}{3}$ Thlr. Mit Goldschnitt 4 $\frac{2}{3}$ Thlr. **Wohlfeile Volksausgabe.** gr. 8. broch. 1 $\frac{2}{3}$ Thlr. Eleg. geb. 2 Thlr. 5 Ngr.

Bibra, Ernst Freiherr von, Aus Chili, Peru und Brasilien. 3 Bde. 8. broch. 3 $\frac{3}{4}$ Thlr.

Bibra, Ernst Freiherr von, Erinnerungen aus Süd=Amerika. 3 Bde. 8. broch. 3 Thlr. 15 Ngr.

Brachvogel, A. E., Ein neuer Falstaff. Roman. 3 Bde. 8. broch. 4 $\frac{1}{2}$ Thlr.

Brachvogel, A. E., Aus dem Mittelalter. 2 Bde. 8. broch. 2 $\frac{1}{4}$ Thlr.

Brachvogel, A. E., Der Trödler. Ein Roman aus dem Alltagsleben. 2 Bde. 8. broch. 2 $\frac{1}{4}$ Thlr.

Brachvogel, A. E., Narciß. Ein Trauerspiel. Min.=Ausgabe. Zweite Auflage. broch. 24 Ngr. Prachtvoll geb. mit Goldschnitt 1 Thlr. 2 Ngr.

Brachvogel, A. E., Adelbert vom Babanberge. Ein Trauerspiel. Min.=Ausgabe. broch. 24 Ngr. Prachtvoll geb. mit Goldschn. 1 Thlr. 2 Ngr.

Brachvogel, A. E., Der Usurpator. Ein dramatisches Gedicht. Min.=Ausg. broch. 27 Ngr. Eleg. geb. mit Goldschnitt 1 Thlr. 5 Ngr.

Brachvogel, A. E., Benoni. Ein Roman. 2. Aufl. 3 Bde. 8. broch. 3 Thlr. 15 Ngr.

Burow, Julie (Frau Pfannenschmidt). Des Kindes Wartung und Pflege und die Erziehung der Töchter in Haus und Schule. (Ein Handbuch für Mütter und Erzieher. (Das Buch der Erziehung in Haus und Schule. Erste Abtheilung.) 8. broch. 27 Ngr.

Bunyan, Johann, Die Pilgerreise aus dieser Welt in die zukünftige. Aus dem Englischen mit Einleitung und Anmerkungen von Dr. Friedrich Ahlfeld, Pastor an der St. Nicolaikirche zu Leipzig. Pracht-Ausgabe mit 12 Holzschnitten. Zwei Theile in Einem Bande. 8. broch. $1^5/_6$ Thlr. In elegantestem englischen Einbande mit reich vergoldeten Deckenverzierungen und Goldschn. $2^1/_3$ Thlr.

Ernesti, Louise, Geld und Talent. Roman. 3 Bde. 2. Aufl. 8. broch. $2^5/_6$ Thlr.

Gerstäcker, Friedrich, Der Kunstreiter. Eine Erzählung. 3 Bde. 8. broch. 3 Thlr. 15 Ngr.

Gerstäcker, Friedrich, Die Regulatoren in Arkansas. Aus dem Waldleben Amerika's. Erste Abtheilung. 3 Bde. 4. Aufl. 2. Stereot.-Ausgabe. 8. broch. $1^2/_3$ Thlr.

Gerstäcker, Friedrich, Die Flußpiraten des Mississippi. Aus dem Waldleben Amerika's. Zweite Abtheilung. 3 Bde. 4. Auflage. 2. Stereot.-Ausgabe. 8. broch. $1^2/_3$ Thlr.

Gerstäcker, Friedrich, Die beiden Sträflinge. Australischer Roman. 3 Bde. 8. broch. $3^5/_6$ Thlr.

Gerstäcker, Friedrich, Achtzehn Monate in Süd-Amerika und dessen deutschen Colonien. 6 Theile in 3 Bänden. 8. broch. $5^1/_3$ Thlr.

Gerstäcker, Friedrich, Unter dem Aequator. Javanisches Sittenbild. 3 Bde. 8. broch. 4¼ Thlr.

Gerstäcker, Friedrich, Das alte Haus. Erzählung 8. broch. 1½ Thlr.

Gerstäcker, Friedrich, Der kleine Goldgräber in Californien. Eine Erzählung für die Jugend. Mit 6 colorirten Bildern. 8. In Buntdruck=Umschlag gebunden. 1⅔ Thlr.

Gerstäcker, Friedrich, Nach Amerika! Ein Volksbuch. Illustrirt von Th. Hosemann und Karl Reinhardt. 6 Bde. 8. broch. 6 Thlr. 12 Ngr.

Gerstäcker, Friedrich, Tahiti. Roman aus der Südsee. Zweite Auflage. 4 Bde. 8. broch. 6 Thlr.

Gerstäcker, Friedrich, Gold! Ein Californisches Lebensbild aus dem Jahre 1849. 3 Bde. 8. broch. 4 Thlr.

Gerstäcker, Friedrich, Der kleine Wallfischfänger. Erzählung für die Jugend. Mit einem Titelkupfer. 8. In Buntdruck=Umschlag gebunden. 1⅓ Thlr.

Gerstäcker, Friedrich, Der erste Christbaum. Ein Märchen mit 6 color. Bildern. 8. In Buntdruck=Umschlag gebunden 1 Thlr.

Guseck, Bernd von, Girandola. Novellen. Zweite Auflage. 4 Bde. 8. broch. 3 Thlr.

Guseck, Bernd von, Die Hand des Fremden. Historischer Roman. 2 Bde. 8. broch. 2¾ Thlr.

Haan, Dr. Wilhelm, Königl. Sächs. Superintendent und Pastor an der Stadtkirche St. Matthäi zu Leisnig. Das Gebet vermag viel! Stunden religiöser Erbauung für alle Lebensverhältnisse evangelischer Christen. Mit 1 Titelkupfer. gr. 8. broch. 1⅓ Thlr. Eleg. geb. mit vergold. Deckenverzierungen 1¾ Thlr.